Livro de Homenagem
a Augusto de Athayde

Livro de Homenagem a Augusto de Athayde

2016

Comissão organizadora:
Diogo Freitas do Amaral
Duarte de Castro
Duarte Ivo Cruz

ALMEDINA

FUNDAÇÃO DO JARDIM JOSÉ DO CANTO

LIVRO DE HOMENAGEM A AUGUSTO DE ATHAYDE

COMISSÃO ORGANIZADORA:
Diogo Freitas do Amaral
Duarte de Castro
Duarte Ivo Cruz

CO-EDIÇÃO

EDIÇÕES ALMEDINA, S.A.
Rua Fernandes Tomás, nºs 76-80
3000-167 Coimbra
Tel.: 239 851 904 · Fax: 239 851 901
www.almedina.net · editora@almedina.net

FUNDAÇÃO DO JARDIM JOSÉ DO CANTO
R. Jose Do Canto 9
9500-076 Ponta Delgada
Tel.: 296 650 310 · Fax: 296 650 319
www.josedocanto.com · casadojardim@josedocanto.com

DESIGN DE CAPA
FBA.

PRÉ-IMPRESSÃO
EDIÇÕES ALMEDINA, SA
IMPRESSÃO E ACABAMENTO
PAPELMUNDE

Março, 2016
DEPÓSITO LEGAL
407465/16

ALMEDINA | GRUPOALMEDINA

BIBLIOTECA NACIONAL DE PORTUGAL – CATALOGAÇÃO NA PUBLICAÇÃO
LIVRO DE HOMENAGEM A
AUGUSTO DE ATAHYDE
Livro de homenagem a Augusto de
Atahyde / comis. org. Diogo Freitas do
Amaral, Duarte de Castro, Duarte Ivo Cruz
ISBN 978-972-40-6449-9
I – AMARAL, Diogo Freitas do, 1941-
II – CASTRO, Duarte de, 1939-
III – CRUZ, Duarte Ivo, 1941-
CDU 34

NOTA DE ABERTURA

O nosso querido amigo Augusto de Athayde faleceu, para grande desgosto da sua família e dos seus amigos e admiradores, em 25 de Fevereiro de 2014.

O vazio que a sua partida deixou em todos nós nunca será, como é óbvio, preenchido; mas pareceu-nos que podia, em alguma medida, ser amenizado se conseguíssemos reunir e publicar, em livro, um conjunto variado e representativo de testemunhos directos prestados por quem com ele privou de perto – na juventude, na universidade, no seu círculo de amigos, na política, no governo, no exílio em França e no Brasil, na banca, em família, ou na sua amada terra natal, a ilha de S. Miguel, Açores.

Assim nasceu a ideia de organizar este livro, que é simultaneamente dedicado à memória do Augusto, bem como à nossa querida amiga Margarida, sua mulher, e ao Augusto, ao Duarte e à Luisa, seus filhos, e aos respectivos cônjuges.

A Comissão organizadora,

Diogo Freitas do Amaral
Duarte de Castro
Duarte Ivo Cruz

N.B. – Os depoimentos prestados para inclusão neste livro aparecem pela ordem alfabética do primeiro nome próprio.

O Mestre Augusto de Athayde
em 1973
como Secretário de Estado da Instrução e Cultura

O Professor Doutor Augusto de Athayde,
em 2010,
no Jardim José do Canto, S. Miguel, Açores

LISTA DOS PARTICIPANTES NESTE LIVRO*

- Adriano Jordão
- Afonso D'Oliveira Martins
- Alberto Xavier
- Américo Natalino Viveiros
- António Vaz Pinto
- Augusto Ferreira do Amaral
- Carlos César
- Carlos Bello Morais
- Carlos Melo Bento
- Cereja Ivo Cruz
- Diogo Freitas do Amaral
- Dom Duarte, Duque de Bragança
- Duarte de Castro
- Duarte Ivo Cruz
- Eduardo Santos Silva
- Guilherme d'Oliveira Martins
- Isabel Soares de Albergaria
- Jaime Gama
- João Forjaz Vieira
- João Mattos e Silva
- Jorge Miranda
- Leonor Xavier
- Luís Beiroco
- Luís Brito Correia
- Manuel Braga da Cruz
- Manuel Côrte Real
- Manuel Noronha de Andrade
- Margarida Martins
- Maria da Glória Garcia
- Maria Isabel Lowndes Marques
- Maria Roma
- Martim de Albuquerque
- Miguel Pupo Correia
- Nuno Lumbrales
- Pedro Soares Martínez
- Rui Chancerelle de Machete
- Vasco Alves Cordeiro

* Ver uma pequena biografia de cada participante no final do livro.

BIOGRAFIA DE AUGUSTO DE ATHAYDE

I
Família

Augusto de Athayde Soares de Albergaria, que assinava Augusto de Athayde, nasceu em Ponta Delgada, ilha de São Miguel, Açores, em 4 de Abril de 1941.

Foram seus pais Augusto de Athayde Corte-Real Soares de Albergaria e Maria da Graça Hintze Ribeiro Jardim.

Era neto paterno de Luís Bernardo Leite de Ataíde, bacharel em Direito pela Universidade de Coimbra, e de D. Maria Luísa Caupers Canavarro de Vasconcelos Soares de Albergaria. E neto materno de Ricardo Anjos Jardim, 2.º conde de Valenças, e de sua primeira mulher, D. Emília do Canto Hintze Ribeiro, por sua vez filha do Doutor Ernesto Rodolfo Hintze Ribeiro, professor de Direito em Coimbra, líder do Partido Regenerador de 1900 a 1907, e presidente do Conselho de Ministros, por quatro vezes, em 1893-97, 1900-03, 1903-04, e 1906.

Em 5 de Agosto de 1964, Augusto de Athayde casou na freguesia de São Sebastião, Ponta Delgada, com Maria Margarida Barbosa de Andrade Albuquerque, nascida em Ponta Delgada, em 24 de Março de 1944, filha primogénita de Duarte Dinis de Andrade Albuquerque Bettencourt, 2.º conde de Albuquerque, e de sua mulher, Maria Margarida Rego Bettencourt Barbosa.

O casal teve 3 filhos: Augusto (n. 1965), Duarte (n. 1969) e Luisa (n. 1971), todos formados e casados; deles tiveram 5 netos.

II
Formação e docência

Frequentou o ensino primário em Ponta Delgada e o secundário em Lisboa, no Colégio de S. João de Brito. Licenciou-se em Direito na Faculdade de Direito da Universidade de Lisboa (1958-63), onde fez o curso de pós-graduação em 1964, com especialização em Direito Administrativo. Em 1974-75 obteve o MBA no INSEAD, França. Em 1976, foi aprovado em provas públicas de Livre Docência em Direito Público, na PUC – Pontifícia Universidade Católica do Rio de Janeiro, grau de que obteve o reconhecimento de equivalência na Universidade Lusíada de Lisboa, em 1999.

Foi, entre 1964 e 1970, Assistente do Instituto Superior de Ciências Económicas e Financeiras, onde regeu Ciência Política e Direito Constitucional, bem como Direito Administrativo e, menos regularmente, Direito Internacional Público; e foi Assistente da Faculdade de Direito da Universidade de Lisboa, nas disciplinas de Direito Administrativo e Direito Internacional Público.

No Brasil, entre 1976 e 1982, foi professor da PUC do Rio de Janeiro, onde ensinou Direito da Empresa, Direito Económico, Direito Comercial, Direito Bancário e Direito Fiscal; e professor da Universidade Gama Filho, nas mesmas matérias e em Direito Administrativo.

De regresso a Portugal, entre 1983 e 2004, foi professor da Universidade Católica Portuguesa (Lisboa), onde regeu Noções Fundamentais de Direito, Direito Administrativo e Direito Bancário, e da Universidade Lusíada (Lisboa), onde teve a seu cargo as regências de Direito da Economia e Direito Bancário.

III
Condecorações

Atendendo às suas elevadas qualidades humanas e profundas convicções religiosas, aos serviços altamente relevantes prestados ao País no desempenho de cargos oficiais, e ainda ao prestígio granjeado fora do País, Augusto de Athayde foi agraciado com as seguintes condecorações:

- Cavaleiro de Honra e Devoção da Soberana Ordem de Malta (1971);
- Medalha de Ouro da Juventude e Desportos (França, 1972);
- Grã-Cruz da Ordem de Cristo (1973);
- Grã-Cruz da Ordem do Mérito (1994);
- Comendador da Ordem de Nossa Senhora da Conceição de Vila Viçosa (1995);
- Comendador da Ordem do Rio Branco (Brasil, 1996).

IV
Associações, academias e fundações

Foi membro da "American Bar Association" (1976-79); da "Academia das Ciências de Lisboa", classe de Letras, secção de Direito e Sociologia (1987-2014); do Conselho Superior da Universidade Católica Portuguesa (1990-93); do Instituto Português de Heráldica (desde 1973); do Conselho de Administração da Fundação D. Manuel II, Lisboa (desde 1987); do Conselho Superior para a Defesa e Salvaguarda do Património Cultural (1990-93); do Conselho de Administração da Fundação Casa de Serralves, Porto (1991-94); da "American Portuguese Society", Lisboa (desde 1992); da Associação Portuguesa de Casas Antigas (desde 1988); da Casa dos Açores (desde 1989); sócio fundador e presidente do Conselho Consultivo da Associação dos Jardins Históricos, Lisboa (desde 2003).

V
Principais publicações

- *Análise crítica da teoria económica marxista*, "Cadernos da Escola Naval", Lisboa, 1966.
- *Comparticipações atribuídas pela Administração Pública*, "Dicionário Jurídico da Administração Pública", 1969.

- *Curso de Direito Administrativo da Economia*, "Ciência e Técnica Fiscal", Lisboa, 1970.
- *Poderes unilaterais da Administração sobre o contrato administrativo*, "Fundação Getúlio Vargas", Rio de Janeiro, 1981 (tese de Livre Docência).
- *Intervenção e desintervenção do Estado na actividade económica: notas para a formulação de uma tipologia jurídica*, comunicação à "Academia das Ciências", Memórias da A.C.L., tomo XXIX (1990-91), com separata.
- *Valor e limites dos códigos de conduta no sistema financeiro*, comunicação ao 1º Congresso Português de Ética Empresarial, "Vida Económica", 1997.
- *Curso de Direito Bancário*, vol. I, com a colaboração de Augusto de Athayde e Duarte de Athayde, "Coimbra Editora", 2000.
- *O Banco Espírito Santo – uma dinastia financeira portuguesa*, em co-autoria com Carlos Alberto Damas, Lisboa, 2004.
- *Nota sobre incorporação de garantias em títulos de crédito*, in "Estudos jurídicos e económicos em homenagem ao Prof. Doutor António de Sousa Franco", vol. I, "Coimbra Editora", 2006.
- *Percurso Solitário (memórias)*, "Bertrand Editora", Lisboa, 2006.
- *Raízes: Um olhar sobre o Jardim José do Canto*, com fotos de Margarida Martins, prefácio de Maria Filomena Mónica, ed. "Fundação do Jardim José do Canto", Ponta Delgada, 2013.
- Colaboração diversa na "Enciclopédia Verbo" e no "Dicionário Jurídico da Administração Pública".

VI
Actividade governativa*

- Subsecretário de Estado da Juventude e Desportos (1970-72)
- Secretário de Estado da Juventude e Desportos (1972-73)
- Secretário de Estado da Instrução e Cultura (1973-74)

* Com o Ministro da Educação, Prof. Doutor José Veiga Simão.

VII
Actividade profissional privada

- Jurisconsulto, desde 1965.
- Secretário do Conselho de Administração da SACOR, 1965-69.
- Vice-Presidente do Banco Lar/Chase Manhattan, Rio de Janeiro, 1976-79.
- Administrador do Banco Inter-Atlântico, Brasil (1979-82).
- Administrador-Delegado da FINC – Sociedade Portuguesa Promotora de Investimentos, SARL, 1983-86 (com a sede do grupo maioritário em Hong Kong).
- Membro do Conselho de Administração da SIPEC – Sociedade Internacional de Promoção do Ensino e Cultura, SARL, entre 1984 e 1986, em representação da Universidade Gama Filho, Rio de Janeiro.
- Presidente do Conselho de Administração do BIC – Banco Internacional de Crédito, SA, Lisboa, de 1986 a 1997.
- Quadro superior do GES – Grupo Espírito Santo.
- Membro do Conselho de Administração da Portugal Telecom, SA, em 1996-97.
- Membro do Conselho de Administração da Média Capital, SA, em 2004-05.
- Fundador e primeiro Presidente, não-executivo, do Conselho de Administração do BES/Açores, de 2001 a 2014.

Depoimento

por Adriano Jordão

O Augusto não tinha a verdadeira noção, creio, da importância que teve na minha carreira de pianista.

Estamos em 1970, comemora-se por todo o mundo civilizado o bicentenário do nascimento de Beethoven.

O Augusto de Athayde é Subsecretário de Estado da Juventude e Desportos (julgo que era assim a denominação) do Governo de Marcello Caetano.

Falámos tinha eu acabado de obter o primeiro lugar no Prémio Beethoven realizado na Covilhã, recém formado no Conservatório Nacional.

É hoje curioso pensar que, sendo eu alguns anos mais novo, o Augusto não tinha ainda 30 anos!

Sem me lembrar de todos os detalhes, mas sempre em parceria com o nosso comum amigo Manuel Ivo Cruz, a seu convite toquei em Santarém, pela primeira vez com uma grande orquestra sinfónica, e, claro, um Concerto de Beethoven.

Depois, ainda em 1970 e com o apoio da Fundação Gulbenkian, realizei, sempre com a generosa intervenção do Augusto, uma longa digressão a África com a Orquestra Gulbenkian e o Manuel Ivo, dividida entre mim e a Maria João Pires que entretanto iniciava a sua extraordinária carreira internacional com o Prémio Beethoven em Bruxelas.

Depois, dá-se a Revolução, eu regresso a Paris e o Augusto vai para o Brasil.

Reencontrámo-nos através de outro amigo comum, o Jorge Forjaz, que assumira a Direcção de Cultura nos Açores e que reencontrei por intermédio dos Embaixadores de França, Eugenie e Jean-Paul Anglés, e desta feita por via do meu Prémio Debussy em França.

E daqui nasceu o que veio a ser a inesquecível aventura do Festival Internacional de Música dos Açores, que levou os maiores nomes internacionais ao Jardim José do Canto onde, de maneira fidalga, foram recebidos pela Margarida e pelo Augusto de Athayde.

E esta aventura prolongou-se por quase vinte anos, tendo nós no Augusto uma das âncoras indispensáveis para a concretização de um sonho, de um das iniciativas que ainda hoje é recordada com saudade nos meios musicais internacionais, sendo inúmeros os pedidos que ora ainda, o Jorge e eu, recebemos para o fazer reviver.

Pensar que Sandor Végh, Ileana Cotrubas, Alicia de Larrocha, Teresa Berganza, Lella Cuberli, Dezo Ranki e a Manchester Camerata se apresentaram por várias vezes nas Ilhas!

E que, para tal, o Augusto foi sempre essencial!

É este o meu testemunho emocionado sobre quem foi uma das grandes figuras da finança, da política e, claro, da Cultura!

Augusto de Athayde: homenagem ao académico

por Afonso D'Oliveira Martins

A imagem que guardo de Augusto de Athayde é, desde logo, a de alguém com uma inteireza de carácter que está reservada àqueles que se regem por valores superiores e por exigências indeclináveis de recta conduta. Recordo a argúcia da sua inteligência e a densidade da sua cultura que davam autoridade às suas opiniões e brilho ao seu discurso. Não esqueço ainda a sua característica serenidade a que se juntavam uma especial afabilidade de trato e uma delicada cortesia que tinha para com todos.

No contexto da Universidade tive ainda a oportunidade de o conhecer e reconhecer como um académico de eleição, distinguindo-se como docente com os mais elevados méritos pedagógicos e, cientificamente, como autor de obra relevante que, especialmente no domínio do Direito Administrativo da Economia ou mais amplamente do Direito Económico, foi a benefício do prestígio da designada "Escola de Direito Público de Lisboa" fundada por Marcello Caetano e à qual pertenceu.

A certa altura da sua vida, circunstâncias adversas obrigaram-no a procurar residência no Brasil. Mas, aí, na adversidade, voltou a encontrar refúgio na Universidade e nos estudos jurídicos. Leccionou então na Pontifícia Universidade Católica do Rio de Janeiro (nos

Departamentos de Ciências Jurídicas e de Administração), colaborando também como professor da Universidade Gama Filho e da Fundação Getúlio Vargas.

Nesse tempo difícil dedicou-se logo à preparação do seu doutoramento, tendo obtido, em 1976, na Pontifícia Universidade Católica do Rio de Janeiro, o grau de Doutor Livre Docente em Direito (Direito Público), com uma tese subordinada ao tema "Poderes Unilaterais da Administração sobre o Contrato Administrativo" e na sequência da prestação de provas públicas que foram avaliadas, com a mais elevada classificação, por alguns dos mais destacados doutores livres docentes e administrativistas brasileiros – Themístocles Brandão Cavalcanti, Caio Tácito, Celso de Albuquerque Mello, Sérgio Andréa Ferreira e Sérgio Dias Ferraz.

Sobre as provas do seu doutoramento acabei por, mais tarde, ter oportunidade de me pronunciar no âmbito do processo de equivalência ao grau de Doutor em Direito que, em Portugal, correu os seus termos na Universidade Lusíada, perante um júri que integrei sob a presidência do Reitor dessa Universidade, António Jorge da Motta Veiga, tendo também nele participado Armando Marques Guedes e Diogo Freitas do Amaral.

Neste processo fui incumbido de elaborar o respectivo Relatório, tendo-me sido dado avaliar a seriedade e a grande dureza das provas a que foi submetido.

As provas consistiram no seguinte: prova de avaliação curricular do candidato; prova escrita que implicou a elaboração presencial de uma dissertação elaborada sobre um de dez temas, fixados com a antecedência de trinta dias e tirado à sorte no acto, tendo a duração máxima de sete horas; prova didática, que se traduziu numa lição pública, com a duração de cinquenta minutos, sobre um dos restantes nove pontos (dos dez inicialmente fixados), sendo este escolhido pelo candidato, e prova pública de defesa da tese, na qual intervieram como arguentes os cinco membros do júri.

A consideração da natureza das provas de doutoramento a que se submeteu e o alto nível científico da tese apresentada não deixaram dúvidas a nenhum dos membros do júri da equivalência quanto à correspondência do grau obtido no Brasil ao grau de Doutor em

Direito do sistema português. Tal equivalência, por indeclinável dever de justiça, foi-lhe assim concedida em 29 de Julho de 1998 com o voto favorável unânime de todos os membros do júri.

Para além desta circunstância, em tantas outras fui tendo o privilégio de me encontrar com Augusto de Athayde, não podendo, a propósito, deixar de recordar o extenso período de tempo em que exerceu a docência na Universidade Lusíada. Dedicou-se então ao ensino na área do Direito Público e, em especial, do Direito Bancário, fazendo-o na licenciatura e no mestrado em Direito e em diversas pós-graduações. A dedicação que pôs aí no desempenho das suas funções e o alto nível do ensino que ministrou implicaram o mais vivo reconhecimento por parte de todos os seus alunos e também de todos os colegas com quem privou. A Universidade Lusíada ficou-lhe imensamente grata por toda a colaboração que lhe prestou, considerando-o como uma referência a ser considerada pelos vindouros.

Por tudo o que referi e por muito mais que outros seus amigos melhor testemunharão, Augusto de Athayde, para mim e – estou certo disso – para todos os que com ele privaram, deixa-nos muitas saudades.

Que descanse em paz.

O meu querido Augusto

por ALBERTO XAVIER

Éramos grandes amigos. Já alguém disse que a amizade à primeira vista é mais forte e duradoura que o amor ao primeiro vislumbre. Imediatamente reconhecemos afinidades literárias: começámos a ler juntos Marcel Proust e juntos nos enamorámos de Oriane, a senhora de Guermantes, que se diria surgida de uma página de Saint-Simon. Era uma réplica moderna de uma Mme. de Polignac, de uma Mme. de Mortemart, de cabelos louros, olhos cintilantes de azur e sapatos vermelhos, como se pintada por Elisabeth Vigée Lebrun. Oriane saíra com à-vontade e descontração do século XVIII, onde o seu espírito vivia, para o início do século XX, em que os deuses a colocaram por arbitrário capricho.

Foi Alain de Botton que constatou, em título de livro célebre, "Como Proust pode mudar a sua vida". Não tenho dúvida que mudou a nossa vida, o nosso olhar do mundo, a capacidade de decifrar, por debaixo dos dizeres aparentes das palavras e dos olhares cúmplices ou furtivos, o significado subjacente e profundo do que ocultavam.

É o Augusto proustiano que, no seu livro "Percurso solitário", evoca a tão adorada Ilha de São Miguel, com suas brumas, hortênsias e melancolia, suavizadas pela presença doce de sua mãe, Maria da Graça, escritora de refinada prosa e imaginação.

Também o Augusto e eu desenvolvemos forte afinidade de pensamento através da leitura de Tocqueville, arauto da liberdade de pensar e de empreender, tão humilhada na nossa juventude pelas experiências socialistas que seduziam tantos da nossa geração. E com que prazer sublinhávamos a obra de Raymond Aron, outro "maître a penser", especialmente as "Dezoito lições sobre a sociedade industrial", onde destruia com o rigor de grande académico e a lucidez de um cético, os falsos dogmas que intelectualmente rejeitávamos.

E era tal a cumplicidade que nos unia que, mesmo sem nos vermos por largos períodos, por oceanicamente afastados, retomávamos a nossa conversa precisamente no ponto em que a tínhamos deixado, apenas separada por uma fugaz vírgula.

Se uma qualidade gostaria de destacar no Augusto era a sua arte de conversação. Dotado de grande erudição sobre os mais variados temas (como as grandes dinastias europeias, a história da Rosa Cruz ou o sistema politico da República de Veneza), tinha o exato sentido da fronteira que separa a informação precisa do pedantismo, imprimindo leveza e ironia mesmo aos temas mais pesados. Sabia que o bom conversador é o que sabe ouvir, que sabe interromper, não para voltar a falar, mas para estimular, incentivar o interlocutor a brilhar. A conversa, em voz baixa de veludo, era de uma sedução quase sensual, num intimismo de música de câmara.

Mas se o Augusto aparentava, por vezes, um semblante grave e sisudo, de sorriso fácil, mas de riso reprimido, vezes havia em como não rebolar de gargalhadas com as suas imitações, evocações, paradoxos, invenções vocabulares, e outros prodígios da sua magia intelectual. Assim sucedeu, vai para quarenta anos, no Rio de Janeiro, em casa de nossos amigos Mário e Bi Quartin Graça, em que extravasámos o nosso alívio pela distância da sombria atmosfera do Portugal daquela época, que fomos forçados a abandonar, em contraste com a alegria luminosa de nosso novo solo de acolhida. Os vizinhos do casal Quartin Graça, chocados com os ruídos das risadas sonoras, perguntavam-se se não seriam doidos de pedra esses "exilados" que não choravam, como outros nostálgicos o faziam, mas se riam a bandeiras desfraldadas.

O culto da amizade era outro timbre da personalidade do Augusto, amizade por assim dizer "ativa", pois a todos em dificuldade socorria com uma sugestão ou a solicitação de um trabalho. A amizade foi o cimento que uniu um grupo, formado pelo Diogo Freitas do Amaral, Duarte de Castro, Duarte Ivo Cruz, o saudoso Mário Quartin Graça, Martim de Albuquerque e suas mulheres, além da Leonor, mãe dos meus filhos e companheira corajosa de aventura. Este grupo há mais de cinquenta anos se mantém unido, sem fissura, apenas com as ausências que a morte, aliada do tempo, provoca.

Não poderia concluir esta evocação do Augusto sem uma palavra de grande carinho pela Margarida, companheira de toda a vida, sóbria e discreta, de coragem e vontade de ferro, ponto de arrimo e porto seguro. Dotada de uma rara inteligência emocional, foi decisiva para assegurar a atmosfera de paz e equilíbrio que o temperamento sensível do Augusto em cada momento requeria. Aqui lhe deixo o meu respeito e amizade.

Vida curta demais para quem tanto tinha para dar

por AMÉRICO NATALINO PEREIRA DE VIVEIROS

O Doutor Augusto de Athayde dizia: " nos Açores sinto a Pátria", tal era a ligação à Ilha que lhe serviu de berço. Era um Açoriano de referência em Portugal e no estrangeiro. Foi governante com responsabilidade na aérea do Ensino, e nessa qualidade, tive com ele, nos anos setenta, em nome de uma comissão *ad hoc*, um primeiro contacto, para lhe entregar uma petição subscrita por alunos do ensino secundário nos Açores, na qual se requeria que fosse criado o Ensino Superior em Ponta Delgada, tarefa em que se empenhou o Doutor Augusto de Athayde, enquanto Secretário de Estado da Instrução e Cultura.

O Doutor Augusto de Athayde era homem de sete ofícios, repartidos pela docência, pela advocacia, pela política e pela gestão empresarial.

Era presidente do Banco Internacional de Crédito na altura em que eu desempenhava o cargo de Presidente do Conselho de Administração da Empresa de Electricidade dos Açores, e nessa qualidade cruzámo-nos várias vezes.

Embora arredado da política activa, acompanhava com atenção o evoluir da situação, e várias vezes partilhámos preocupações, e meditávamos sobre as melhores opções que a conjuntura aconselhava. Dele recolhi sugestões válidas no contexto nacional e no plano regional.

Recordo o papel importante que teve como impulsionador da junção da Caixa Económica da Misericórdia de Ponta Delgada com a filial do BES, da qual resultou o Banco Espirito Santo dos Açores, tendo sido seu presidente até falecer.

Era um defensor do património natural dos Açores, com particular destaque para os Jardins da Ilha de São Miguel e do Parque José do Canto, pelo qual desenvolveu uma meritória acção para a sua reabilitação e posterior manutenção.

Carregou ao longo da vida o encargo de recuperar o património perdido pelo pai. Fez desse sacrifício uma das marcas que deixou para o futuro. Falava disso com orgulho, e lembrava os seus antepassados como seus inspiradores.

Juntou a família num projecto arrojado, e criaram juntos a Fundação Jardim José do Canto, que passou a deter a propriedade do maior Jardim Botânico de Ponta Delgada, bem como de todos os edifícios e monumentos nele existentes. Várias vezes conversámos sobre tal projecto que ele, com visão, acalentou como um sonho que logrou realizar.

Gostava de juntar amigos e conhecidos, promovendo agradáveis convívios. Era um príncipe no trato que dispensava a cada um. Foi sempre, mesmo à distância, um observador atento do que nos Açores se passava.

Augusto de Athayde disse um dia, numa entrevista que concedeu a Victor Pereira, e na qual falou dos antepassados, da família, dos sonhos e das amarguras que o atormentavam, que a vida era uma *"viagem precária, porque era curta e incerta"*.

Foi curta de mais, para quem sabia tanto, e tanto podia dar.

Depoimento

por António Vaz Pinto, SJ

Conheci o Augusto no Colégio de S. João de Brito, onde ambos estudámos, ele um ou dois anos à minha frente.

A relação entre nós e com outros foi mais longe e recordo-me da primeira vez que fui a sua casa, o Palácio Pombal, na Rua do Alecrim. A minha surpresa foi grande: num pequeno ginásio, o Augusto tinha uma *punching-ball*, onde regularmente praticava o seu box...

Ao longo da vida fomo-nos encontrando e de novo nos "frequentámos" na Faculdade de Direito da Universidade de Lisboa, com tantos outros, entre os quais os felizes organizadores deste livro de homenagem: Diogo Freitas do Amaral, Duarte de Castro, Duarte Ivo Cruz.

Ele, Augusto, seguiu o seu caminho e eu o meu, mas, já distantes no espaço (mas não na amizade), recordo bem a sua passagem como Secretário de Estado durante a "primavera marcelista".

Estive ausente de Lisboa e do país durante muito tempo e os encontros foram intermitentes – casamentos, almoços e jantares de amigos, cruzamentos nas ruas... Depois seguiu-se a ponta final.

Sabendo que estava gravemente doente, aproximámo-nos de novo e fiz-lhe várias visitas em sua casa, preparando-o para a sua páscoa, a passagem da morte à vida – confissão, unção dos doentes, comunhão.

Mas, embora doente, era o Augusto de sempre: ágil, cheio de humor, cheio de juventude interior, atento à vida e às pessoas, fiel aos seus valores, às suas amizades e aos Açores.

Ele, que tanto prezava o seu jardim açoriano José do Canto, partiu em paz para o jardim definitivo, o jardim e a festa celeste.

Com muita saudade, amizade e um grande abraço à Margarida, aos filhos e aos amigos.

Depoimento

por Augusto Ferreira do Amaral

Foi das personalidades mais brilhantes com quem tive o prazer de conviver.

A poderosa inteligência que, nesse tão enriquecedor convívio, dele irradiava, era impregnada de notável cultura. Cultura que se não limitava a vasta erudição, mas que emergia permanentemente, viva e actuante. Usava-a com todo o à-vontade natural, sem qualquer preocupação de pedantismo, mas como uma forma de reforçar ou desenvolver o que pretendia dizer. Era o seu estilo espontâneo, esclarecedor das suas convicções, das suas observações e das opções que manifestava.

E via as realidades, sobretudo no plano das chamadas ciências sociais – que constituía o terreno predominante das suas preocupações – com olhos especialmente profundos.

Não era precipitado nem superficialmente emotivo. Falava num tom suave, palaciano, literário e fluente Mas nem por isso denotava mais passividade nem menos impressividade. Aliava a um sólido bom-senso, uma grande objectividade e o fulgor exuberante dum espírito capaz de pontos de vista nem sempre atingidos pelos conversadores vulgares. Com a sua primorosa educação e interessante como sempre sabia ser, era um agradável conversador que nunca pretendia sobrepor-se pelo tom de voz, escutado com especial atenção e apreço, por parte de todos os que, como eu, tiveram o privilégio de com ele debater os mais diversos temas que dizem respeito às sociedades humanas, mormente às da nossa civilização.

Conheci-o quando entrei na Faculdade de Direito, no círculo dos amigos mais assíduos de Diogo Freitas do Amaral. Lembro-me de ter ouvido este a gracejar com algumas confusões que então ocorreram, quando pretendia referir-se a um de nós e aludia ao "Augusto", pois ambos tínhamos esse nome próprio; e quando, tentando desfazer a ambiguidade, acrescentava a identificação como "o filho da D. Maria da Graça", o que também não era suficiente, já que as nossas mães eram ambas Marias da Graça...

Augusto de Athayde, além de aluno brilhante, tocava muito bem piano. Pena que não haja prosseguido, pela vida fora, executando peças de boa música, como as que lhe ouvi nesses longínquos tempos.

Desde então o admirei, mantendo com ele, na Faculdade, frequentes trocas de impressões, quase sempre sobre temas políticos. A política era, por essa remota época, um dos meus vícios. E, quanto a ela, quase sempre discordávamos. É certo que ambos éramos monárquicos convictos. Mas eu, discípulo do Francisco Sousa Tavares, perfilhava o inconformismo, o sistema democrático parlamentar e a oposição ao poder vigente. Ele ripostava-me, sempre cavalheiro e civilizado. Argumentava com brilho, eu replicava-lhe como podia, com o meu idealismo. Ficava cada um na sua. Contudo, dispensava-se bem o consenso, a que nunca chegávamos: o diálogo era, em si, um prazer com tal interlocutor.

Bastante tempo depois, quando voltámos a encontrar-nos, depois de ele ter regressado do estrangeiro, já Portugal vivia na era democrática. A seu convite estive em sua casa nos Açores, mais do que uma vez, em ambiente inesquecível de amizade, beleza, harmonia e elevação.

Por longo tempo tivemos oportunidade de colaborar, quer na partilha de conhecimentos em matéria histórica e genealógica, quer sobretudo no Conselho de Nobreza, ao qual ambos pertencemos. Augusto de Athayde foi aí sempre – como não podia deixar de ser –

um excelente companheiro, amiúde manifestando a agudeza do seu raciocínio, o fulgor das suas opiniões e a fidalguia do seu trato.

Mais tarde ainda, viemos a pertencer ao Conselho de Administração da Fundação D. Manuel II e, uma vez mais, a sua inteligência, a delicadeza com que opinava e agia, a profundidade com que abordava os assuntos e a seriedade do seu carácter, me deixaram indelével recordação.

Lembro com saudade um amigo verdadeiro, de quem não tive senão provas de benevolência.

Mas celebro também, com admiração, um Senhor – que o era plenamente.

Augusto de Athayde: um amigo, um homem, um grande senhor

por Carlos Bello Moraes

O meu conhecimento com o Augusto de Athayde teve lugar em Outubro de 1952, quando ele veio frequentar o 2º ano do liceu no Colégio S. João de Brito, onde eu entrara no ano anterior.

Iniciou-se então um convívio quase diário de seis anos, dos mais felizes da nossa vida, durante os quais se consolidou uma fortíssima amizade, profunda e leal, que me deixa as mais gratas e saudosas recordações.

Amizade verdadeiramente fraternal para o que contribuiu, talvez, o sermos ambos filhos únicos e assim ultrapassarmos o sentimento de isolamento que tal acarreta.

Foi durante esses seis anos que eu mais convivi com o Augusto, aprendendo a conhecer as vastíssimas qualidades de um homem realmente superior.

É, pois, sobre esse período que vou centrar a minha homenagem e recordação, deixando para outros com mais predicados e conhecimentos o périplo pelas suas actividades académicas, profissionais e empresariais.

Dissipadas ao fim de poucos dias as brumas atlânticas que lhe impunham algum acanhamento (ou reserva), logo o Augusto se integrou na turma como um dos elementos mais preponderantes.

Desde então revelou o Augusto as qualidades que o acompanharam e se desenvolveram ao longo do tempo, de que destaco a persistência dos afectos, a inteligência, o pragmatismo e o sentido de humor.

Este último possuía-o em altíssimo grau, encarando tudo e todos, a começar por ele próprio, com uma saudável ironia.

Rapidamente acolhido e integrado, soube o Augusto aproveitar esse clima favorável destacando-se desde logo no aproveitamento escolar e nas actividades desportivas.

Estas eram – principalmente o futebol – motivo de grande entusiasmo, dispondo o Colégio de inúmeros campos para a sua prática, e sendo incentivadas pelos Padres Jesuítas que, não raro, se envolviam directamente nos nossos desafios.

A tal ponto assim era que costumávamos dizer que para se ser bem acolhido pelos Jesuítas forçoso era ser bom nos estudos ou no futebol.

E o Augusto era bom em ambos!

Como estudante, foi sempre aplicado e cumpridor, manifestando um espirito vivíssimo e uma curiosidade cultural (mormente na área de Letras) que haviam de o acompanhar durante toda a vida e que o destacavam dos demais.

Ainda há pouco tempo, dizia um companheiro, também infelizmente desaparecido: "já nessa altura o Augusto lia mais do que nós".

Direi que não só "lia mais", como lia melhor, apreendia mais rapidamente, reflectia mais profundamente, o que lhe conferiu ao longo da vida uma cultura notável e um leque de interesses que se abriu muito para alem das actividades profissionais.

E juntamente com isso conseguiu ser, com grande tenacidade (outra das suas grandes qualidades), um bom guarda redes, um hábil jogador de hóquei em patins, um meritório praticante de boxe, este pela mão do então famoso "Zeca Tarzan".

Não posso também deixar de recordar a alegria e entusiasmo que o Augusto punha em tudo o que fazia, aproveitando da vida o que de bom esta lhe oferecia, e permitir-me-ão que invoque recordações gratíssimas como as idas ao futebol para acompanhar o nosso Sporting; os copiosos lanches nas tardes de sábado na Rua do Alecrim; as conversas intermináveis saudavelmente cheias de chiste, ironia, boa disposição, e semeadas das inesquecíveis gargalhadas do Augusto, cuja recordação tanto aviva a nossa saudade.

Como atrás referi, o Augusto cedo manifestou, sem embargo da sua viva imaginação, um notável sentido prático.

Característica que julgo dever realçar, numa idade em que a ingenuidade e a fantasia são de regra, dificultando frequentemente a exacta compreensão e resolução dos problemas do dia a dia.

Soube o Augusto vencer as dificuldades quotidianas, procurando e encontrando o apoio nos que, conforme as circunstâncias, melhor o podiam aconselhar e apoiar.

Sublinhar que nisso não existia qualquer ponta de oportunismo ou reserva mental, sendo sempre o Augusto de uma inteireza invulgares.

Esta capacidade de apreender com agudeza as realidades práticas contribuiu poderosamente, a par da sua inteligência e capacidade de trabalho, para os êxitos com que a vida o cumulou.

Filho, marido e pai exemplar, foi ainda esse sentido das proporções que lhe permitiu harmonizar as exigências familiares, profissionais e sociais, num leque tão equilibrado como não é fácil encontrar.

Reafirmo que desde esses remotos tempos sempre o Augusto foi igual a si próprio, nunca cedendo naquilo que tinha como essencial, sem perder a saudável alegria de viver e a inteira confiança nas pessoas de quem era mais próximo.

Para mim, é motivo de orgulho e alegria ter podido contar com a sua amizade.

Este o testemunho que deixo registado.

Querido Augusto, meu velho Amigo: quero crer que no lugar em que a Providência te acolheu continuas a lançar um olhar benevolente e saudavelmente irónico sobre o mundo e sobre os homens. Bem hajas!

Um açoriano com mundo

por Carlos César

Augusto de Athayde foi, para mim, durante muito tempo, uma pessoa distante. Apenas o meu Pai, na nossa casa, a ele se referia episodicamente e de forma elogiosa.

Sabia-o membro do governo de Marcello Caetano, jurista de reconhecidos méritos, e amigo dos fundadores do CDS. Era uma distância que, sentenciada à moda dos alvores revolucionários, mantive, por inércia, para além da minha adolescência política e até poucos anos antes de ser Presidente do Governo. Uma distância que se desfez à medida que desfrutei da sua cortesia, da sua sobriedade e da sua inteligência. Uma distância encurtada, ano após ano, com a cadência das coisas que acontecem com naturalidade.

Durante 16 anos foi o "meu" vizinho. Por outras palavras, refez, deu vida e valorizou o seu Jardim José do Canto, em Ponta Delgada, – "paredes meias" com o Jardim do Palácio de Sant'Ana, sede da presidência do Governo dos Açores.

Essa vizinhança ajudou a reabrir e a reavivar percursos de vida de familiares comuns, cuja amizade e cumplicidade eram, aliás, notoriamente conhecidas.

Recebi-o no Palácio de Sant'Ana e conversei com ele muitas vezes ou, mais importante ainda, cada vez mais vezes. Quase sempre em ocasiões formais, decorrentes das suas funções, ou então da presença em eventos públicos e privados que partilhávamos, mas sempre com cada vez maior informalidade.

Acabámos, frequentemente, a comungar convicções sobre os destinos do País e a confiança na nossa Região. E registei a sua formação humanista e as suas preocupações sobre as desigualdades sociais e económicas. A sua condição de homem com mundo.

Lembro-me, "a propósito das voltas que o mundo dá", que um dia lhe contei uma história de um banqueiro nacional que tinha recebido e que acabara por me manifestar a sua estranheza por o ter incitado, na ocasião, a instalar o seu banco nas nossas ilhas e assim melhorar a concorrência no sector, onde detinham posição dominante instituições bancárias públicas, uma delas então parcialmente privatizada. Com um sorriso nos lábios, Augusto de Athayde respondeu-me mais ou menos assim: acho que fez muito bem, porque é decisiva essa convivência sã e com regras justas entre o público e o privado, mas é preciso ter muito cuidado. Bom, mas afinal o homem de esquerda é você, não é?

Lembro, em especial, o seu aconselhamento, em períodos distintos, em que trabalhávamos na primeira revisão da Lei de Finanças das Regiões Autónomas e, noutra ocasião, na última revisão do Estatuto Politico-Administrativo dos Açores.

Sobre Augusto de Athayde, o que posso dizer com a maior sinceridade é que tenho pena de só o ter conhecido melhor demasiado tarde e de ele se ter separado de nós demasiado cedo.

A um Amigo

por Carlos Melo Bento

Nunca tive um amigo tão silencioso e tão eloquente como ele. Cresci ouvindo as proezas do pai, genial empresário que por devoção à Terra que ambos amamos, levou as suas iniciativas até ao limite da temeridade. Curiosamente só nos conhecemos na Faculdade, nos conturbadíssimos anos sessenta em que, no meio de greves, plenários, polícias de choque e prisões, ambos passávamos a maior parte do tempo a estudar. As razões eram diversas mas o efeito foi o mesmo. Ele lutava para salvar a honra da Família, então valor supremo, e eu para não desperdiçar o trabalho de meu Pai, e para realizar uma vocação que sempre me perseguiu. Depois de formados, ei-lo no governo do nosso Mestre Marcello Caetano e eu na vereação da Câmara Municipal de Ponta Delgada por esta enviado à sua Secretaria para tratar de assunto municipal. Recebeu-me de imediato (mesmo sem audiência agendada...) e despachou favoravelmente a pretensão da edilidade da Terra dos seus maiores, lamentando ser tão modesta a pretensão. Acompanhando o Chefe do Governo a S. Miguel, furou o protocolo (nesses tempos de draconiana imperatividade) e levou-me às cerimónias oficiais a que íamos, no carro que lhe fora destinado... Sem alardes e sem cerimónias. Toda a gente percebeu que a amizade tem razões que a política desconhece. Vieram a Revolução, o exílio, as prisões, e nunca aquela criatura se esqueceu de nos convidar para sua casa que conseguiu salvar com a sua sólida inteligência e serena audácia. Sem exibicionismos, esteve em todos os momentos decisivos em que a sua prudência sagaz serviu de bússola a tanta decisão importante para o Povo que o gerou. Não sabia fazer inimigos, mas amigos fê-los por toda a vida e do melhor que o País tem. Foi belo, quando o acompanhámos à última morada, em Ponta Delgada, tão perto do palácio onde viveu, ver um comovido Freitas do Amaral, dizer-lhe adeus entre lágrimas de tristeza. Perdêramos um amigo verdadeiro. Que herança de honradez e aprumo moral deixa aquele homem a toda a gente! Filho que qualquer pai desejaria, pai que os filhos enobrece e um marido amigo, amado e chorado. Homem de cultura, soube salvar a obra do introdutor das História da Arte nos Açores, servindo com isso a comunidade científica do País. Vi-o a última vez numa luzida cerimónia da Ordem de Malta em S. Miguel. Falou-me com um olhar carregado de tristeza, mas apontando o futuro para onde a bússola da sua vida sempre esteve virada.

Recordações

por Cereja Ivo Cruz

Não me lembro nem do dia nem da hora nem em que circunstância conheci o Augusto. Veio com o Duarte, fazia há anos parte do grupo dos seus grandes amigos; foi por isso um dos padrinhos do nosso casamento. E a partir daí e até ao dia da sua morte nunca mais deixou de fazer parte da nossa vida. Estava lá no hospital quando nasceram os nossos filhos, e na Igreja quando se casaram, e também nos piores dias das nossas vidas.

A Margarida e o Augusto acompanharam as nossas vidas como nós acompanhámos as deles ao longo de mais de 50 anos. Visitámo-los em Fontainebleau e nos Açores, convivemos no Brasil, demos grandes risadas juntos. O Augusto tinha um sentido de humor fabuloso, misturado com um pessimismo estrutural e cujo principal alvo era ele próprio.

No princípio dos anos 70, durante o mês de julho a Margarida partia com a família para os Açores, o Augusto ficava sozinho em Lisboa e aproveitava para fazer "dieta". As dietas foram uma constante na sua vida, de tal maneira que dizia que tinha um "armário de roupa de gordo e um armário de roupa de magro". A dieta do mês de Julho, de que o Duarte e eu eramos cúmplices, era uma verdadeira fraude: todos os dias à roda das 7 da tarde ia buscar-nos a casa e partíamos os três num carro descapotável de dois lugares, sem cinto (claro) rumo a Cascais. No caminho falava já com grande preocupação do futuro de Portugal, mas quando chegávamos ao Santini o Augusto, que durante todo o dia não comia nada, porque estava de dieta...comia três ou quatro gelados. GLORIOSO, diria o Augusto.

Quando o Augusto e a Margarida chegaram ao Brasil, vindos de Fontainebleau, a Margarida resolveu fazer o vestibular de acesso à PUC (Pontifícia Universidade Católica). O vestibular era o Cabo das Tormentas de qualquer estudante, mas a Margarida, sem qualquer preparação, entrou direta e foi por isso que em 1977, um ano depois, quando fomos convidados para um casamento em Rio Claro, ela não pôde ir. Eles viviam no Rio de Janeiro, nós em S. Paulo. Rio Claro é no estado de São Paulo, segundo os brasileiros muito perto da cidade, segundo nós bastante longe (porque a noção das distâncias é inversamente proporcional ao tamanho do país de origem).

A logística da viagem foi meticulosamente preparada pelo Augusto; na véspera o Augusto viria do Rio de Janeiro e dormiria em nossa casa, no dia seguinte um conterrâneo do Augusto, o "patriota açoriano", assim chamado por defender a independência dos Açores, convidado para o mesmo casamento, residente em São Paulo e dono de um automóvel, levar-nos-ia " segurinhos" até Rio Claro, não sem antes passarmos por uma cidade onde vivia um engenheiro da FAO (Food and Agriculture Organization of the United Nations), que nos seguiria no seu carro, por desconhecer o caminho.

O plano era bom, mas a realização nem tanto: o "patriota "já tinha tendência para altas velocidades, mas quando o engenheiro se juntou à caravana tudo piorou, o engenheiro que devia ser guiado rapidamente nos ultrapassou, o patriota, aflitíssimo com medo que ele se perdesse, pôs o pé no acelerador, entretanto fomos parados pela polícia estadual, que só não nos multou por sermos portugueses (e a polícia de São Paulo era muito simpática com os portugueses), mas recomendou moderação. Mal a polícia desapareceu do nosso horizonte, imediatamente o nosso condutor recomeçou na louca correria atrás do outro; aí o Augusto disse: – Deixe o homem da FAO porque ele dentro em breve vai ser *alimentado a soro...*

Voltámos no autocarro da carreira.

O meu grande amigo Augusto

por Diogo Freitas do Amaral

É muito difícil, para quem o conheceu e o teve quase meio século como amigo íntimo, traçar um perfil completo – por mais sintético que seja – do Augusto de Athayde.

Um ano depois da sua morte, o aspecto que mais me parece sobressair, entre tantos outros dignos de nota, é o de que o Augusto era uma personalidade forte, ilustre e singular.

Era uma personalidade forte: embora reservado e até tímido, sentia-se que estava ali um ser humano excepcional. Com uma inteligência lucidíssima, com uma cultura muito vasta e, sobretudo, com uma força de vontade férrea, determinada, tão forte que não violenta. Alguém.

Era um homem ilustre: aluno brilhante do curso de Direito, tirou o mestrado, fez o doutoramento e só não chegou à cátedra porque as vicissitudes da vida o levaram para outro percurso. Neste, rapidamente passou de bancário a banqueiro: e chegou à presidência de um banco macaense e de um banco português, bem como, mais tarde, à de um banco micaelense.

Escreveu e publicou vários livros de grande relevo: as lições (pioneiras em Portugal) de *Direito Administrativo da Economia*; a tese sobre *Os poderes unilaterais da Administração no contrato administrativo*; e, em co-autoria com os filhos, Augusto e Duarte, um precioso "textbook" de *Direito Económico e Bancário*, além de umas magníficas memórias – *Percurso Solitário*. Tinha mais um livro em preparação quando adoeceu: *Meio século, uma vida*, cujo plano era fascinante.

Foi Subsecretário de Estado da Juventude e Desportos aos 28 anos; Secretário de Estado do mesmo sector, um ano depois; e Secretário de Estado da Instrução e Cultura, dois anos mais tarde. Completados três anos de governo, foi condecorado por decisão do Presidente Américo Tomás com a Grã-Cruz da Ordem de Cristo. E só não chegou a Ministro porque a Revolução o levou a emigrar para o Brasil, não sem antes tirar, com distinção e louvor, um dos M.B.A.'s mais valiosos do mundo – o do INSEAD, em Fontainebleau. Em 1994, recebeu do Presidente Mário Soares a Grã-Cruz da Ordem do Mérito.

Mas, acima de tudo e mais que tudo, o Augusto era uma personalidade singular. Ninguém lhe ficava indiferente; e a maioria dos que o conheciam bem rendiam-se ao brilho fulgurante da sua inteligência, dos seus conhecimentos (históricos, económicos, políticos e jurídicos), da sua educação aprimorada e simpatia espontânea, da sua graça e jovialidade transbordantes, da sua facilidade em fazer amizades com pessoas de todos os estratos sociais e de todos os quadrantes ideológicos ou religiosos. Os alunos apreciavam imenso as suas aulas – no Quelhas, na PUC do Rio de Janeiro, na Católica e, por último, na Lusíada, estas duas em Lisboa. Os amigos nunca faltavam à chamada, pois sabiam de antemão que era sempre bem passada, e muito instrutiva, uma tarde ou uma ceia em casa do Augusto.

Quando, na Primavera de 1968, após a recruta feita na Escola Naval (Alfeite), levei o meu mais recente amigo – Adelino Amaro da Costa – a um almoço de velhos amigos – em que estava presente o Augusto –, bastaram duas horas à mesa no "Turf Clube", da Rua Nova do Almada, para que o Adelino me dissesse à saída:

– Diogo: tens aqui um grupo de amigos que são de se lhes tirar o chapéu. Mas, sem desprimor para nenhum dos outros, o Augusto parece vindo de outro planeta. Nunca conheci ninguém assim!

É também o que eu acho; e creio que o mesmo pensarão todos os que com ele privaram mais de perto. Não conhecíamos ninguém assim!

Sério, mas com imensa graça; contido em grandes silêncios, mas excelente conversador; simples, mas dotado de uma bagagem cultural própria de um sábio; sensato e prudente, mas ousado e inovador; sofredor de grandes desgostos, mas sem soltar um queixume; amigo dos seus amigos, indiferente para com os que não gostavam dele. E grande diplomata, como provou durante os seus quase cinco anos de governo, passados a efectuar reformas (como a da Mocidade Portuguesa) e, principalmente, a manter os difíceis equilíbrios entre um chefe de Governo conservador e um Ministro progressista.

Não posso alongar-me muito. Mas não posso deixar de recordar aqui, nesta breve evocação, a enorme lição de vida que a todos nos deu o Augusto pela forma inteligente, determinada e sagaz como salvou e valorizou um património familiar arruinado.

Seu pai – também chamado Augusto de Athayde – foi um homem de negócios cheio de ousadia e com larga visão. Ganhou, perdeu, ganhou ... e, à beira de se tornar milionário, perdeu quase tudo. Por culpa alheia, mas perdeu. Deus fez-lhe a graça de o levar com uma síncope cardíaca, pouco antes do início do processo de falência.

Foi o Augusto, aos 24 anos (!), que teve de tratar de tudo. Casado e já com um filho, licenciado e mestre em Direito – mas sem estágio nem prática de advocacia –, tudo assumiu, tudo enfrentou, tudo resolveu.

Sozinho (apenas depois de terminado o duro e longo combate mo contou), logo tratou de gizar um plano com três fases: primeira, venda imediata de alguns bens disponíveis para pagar as dívidas mais urgentes, a começar pelo pessoal doméstico, motorista, alfaiate, etc.; segunda, contracção de um empréstimo bancário para poder pagar as dívidas de maior vulto e tentar salvar o essencial; e terceira, presença diária na hasta pública dos bens nomeados à penhora, para licitar e procurar arrematar os de maior valor estético ou familiar.

Foram três anos de dificuldades quotidianas, mas quase todas foram sendo vencidas. Quando apareceram na Rua do Alecrim os carregadores dirigidos por um oficial de justiça para transportarem para o tribunal o piano, os quadros, os espelhos e a mobília, o Augusto – visivelmente triste – apontou para os retratos a óleo da família. Mas um dos carregadores – homem pobre, analfabeto e mal vestido, mas de bom coração – disse-lhe com altivez:

– Este não, Sr. Dr.. A Mãezinha, não!

O Augusto só não chorou porque tinha sido educado por uma grande Mulher (a Srª D. Maria da Graça, com quem gostei tanto de conversar), que lhe ensinara que "um Homem não chora".

Noutra hasta pública – creio que na comarca de Ponta Delgada, nos Açores – chegou a ser posto em licitação o maravilhoso, e único, "Jardim José do Canto". Estava então descuidado e, por isso, desvalorizado. Houve vários licitantes e o preço ia subindo devagar; o Augusto sempre quieto e calado. Quando o leiloeiro anunciou a previsível última rodada, o Augusto fez um sinal – e arrematou o Jardim. O público, que enchia por completo a sala do tribunal, reagiu com uma forte e prolongada salva de palmas. O Augusto sentiu as lágrimas nos olhos.

Como ele amava aquele extraordinário jardim botânico, que fora erguido, com espécies vindas de todo o mundo, pelo seu bisavô materno.

Tanto que, ao longo de trinta anos, o Augusto foi empregando todas as suas economias em desbastar, limpar, renovar e manter aquele seu segundo grande amor – depois do da Margarida e dos filhos.

Teve tempo para com ele fazer uma fundação, reconhecida como de utilidade pública pelo Governo Regional dos Açores, presidido pelo Dr. Carlos César. E todo o Jardim está hoje aberto ao público, que o visita com grande frequência. Aos Sábados e Domingos, há ali casamentos e baptizados, numa capela anexa – e no ambiente mais belo e paradisíaco que alguém pode desejar para um dia de festa.

O Augusto foi um grande Senhor. Honro-me de ter merecido a sua amizade. Não consigo esquecê-lo um só dia que passa. E quem não é esquecido, não morre.

Depoimento

por Dom Duarte, Duque de Bragança

Desde a minha juventude que tive muitas ocasiões para conversar e ouvir as opiniões sempre interessantes do Augusto de Athayde. Lembro-me dele como jovem Secretário de Estado da Juventude. Lembro-me também das tão agradáveis férias que passei na sua extraordinária casa em Ponta Delgada, com a Margarida e os filhos, Augusto, Duarte e Luisa. Durante estas estadias aprendi a conhecer profundamente esse paraíso terrestre que são as Ilhas dos Açores. Não consigo compreender como há tantos Portugueses que fazem turismo no estrangeiro antes de visitarem este belíssimo arquipélago...

Li com prazer o livro de memórias que o Augusto escreveu, em que conta histórias tão engraçadas da sua juventude em São Miguel.

Muito mais tarde ele passou a ser um dos Directores da Fundação D. Manuel II, onde as suas intervenções foram sempre muito úteis e sábias. Frequentemente acontece-me querer perguntar a sua opinião sobre uma decisão a tomar, mas acabo por pensar comigo próprio: "o que é que o Augusto faria nesta situação?"

Estou certo de que lá no Paraíso ele continua a interessar-se pelos seus amigos e pelo que está a acontecer na sua Pátria terrestre.

Augusto de Athayde:
In Memoriam

por Duarte de Castro

Conheci o Augusto ainda bastante novo. Os nossos pais eram amigos e fui convidado a passar algumas tardes em sua casa. No Chiado, em pleno coração de Lisboa, não se tratava de uma casa mas de um amplo palácio cujas traseiras davam para um lindíssimo jardim. Aí passávamos a maior parte do tempo a brincar, jogar à bola e em grandes correrias, muitas vezes na companhia de dois belos e grandes cães, sempre ansiosos por participar na brincadeira, à espera de um chamamento do dono. Era então uma festa vê-los envolvidos na alegria da brincadeira, mas logo tudo cessava com uma palavra do Augusto. Os cães bem amestrados paravam e ficavam em suspenso, de olhos fixos, na expectativa de serem chamados a novo desafio.

São estas talvez as lembranças mais antigas que retenho de um convívio que, então ainda muito novos, começou por iniciativa dos nossos pais, e se manteve ao longo de largos anos, tendo-se convertido na mais límpida das amizades, nunca ensombrada por qualquer espécie de conflito. Entendíamo-nos bem, tínhamos bastantes afinidades e era enorme o prazer de estarmos juntos.

O Augusto tinha uma personalidade muito própria. Filho único, tinha recebido uma educação extraordinariamente aprimorada desde a sua primeira juventude. Logo muito novo afirmou um carácter marcado por enorme sentido de responsabilidade. Sem ter perdido as alegrias e vivências próprias da juventude, pode dizer-se que foi adulto mais cedo que os outros. Com uma enorme inteligência, um espírito muito arguto e um profundo sentido de humor, os seus interesses não tinham limites. Era um leitor compulsivo, com uma bagagem cultural muito sólida, adquirida ainda bastante jovem. Com o andar dos anos e o aprofundamento do conhecimento das pessoas, foi refinando o sentido de humor, sendo admiráveis de espírito e graça as histórias que contava.

Beneficiou na sua formação do convívio de duas pessoas que lhe eram muito próximas no parentesco e com quem conviveu muito de perto, uma delas durante grande parte da sua vida, e que se distinguiam pela sua invulgar craveira intelectual. Refiro-me à Mãe e ao Avô Luís Bernardo.

A Mãe, de uma enorme sensibilidade, cultura, inteligência e simpatia, foi autora de um conjunto muito interessante de obras, sendo de salientar umas importantes memórias cuja leitura muito ajudará a melhor conhecer a vida social portuguesa do século passado. Com ela, com o exemplo de todo o seu carinho e amor, o Augusto muito enriqueceu a forma de se relacionar com os outros, designadamente no que toca à compreensão e respeito pela situação de cada um, independentemente da sua condição.

Não conheci o seu Avô Luís Bernardo, mas o Augusto falava dele com tanto entusiamo e carinho que se pode dizer que foi o companheiro e o herói da sua juventude. Era um pintor paisagista de grande talento e um estudioso profundo da vida açoriana, cuja obra foi reunida e editada pela Universidade de Coimbra. O Augusto reconhecia nele um paradigma que teria gostado de seguir, caso as vicissitudes da vida não lhe tivessem imposto uma carreira profissional tão diferente, agitada e absorvente.

Em Lisboa, no convívio com os seus amigos, no Colégio de São João de Brito e na Faculdade de Direito, o Augusto afirmou rapidamente, e com facilidade, a enorme dimensão da sua riquíssima personalidade. Com a sua fortíssima inteligência e tenacidade, distinguiu-se como um dos mais brilhantes alunos que passaram pela

Faculdade. E com a sua simpatia, afabilidade, poder de comunicação, disponibilidade para todos e sentido agregador, tornou-se uma referência entre os seus colegas.

Na enorme riqueza da sua vida, o espírito do Augusto, após a sua morte, estende-se para além da memória dos factos vividos e torna-se uma verdadeira lenda, uma figura inapagável, uma recordação para sempre.

Uma das muitas lições que nos deixa é, na firmeza do seu carácter, a total fidelidade aos seus princípios e valores. Menciono apenas dois que nos ajudam a apreender melhor os traços da sua personalidade, o amor à família e aos Açores.

Em primeiro lugar, o amor profundo pela família, considerada esta não apenas como o agregado dos parentes próximos com quem se deu e conviveu pessoalmente, mas incluindo as gerações mais distantes de onde provinha. Era muito vasto o seu conhecimento da genealogia açoriana e na forma como nela se entroncava. A matéria mereceu o seu estudo e a publicação de uma obra que, na verdade, é uma História da Família.

O amor e culto da família constituem naturalmente as raízes mais profundas da açorianidade do Augusto. O amor pela Ilhas, o conhecimento pormenorizado da sua História, o respeito pelas suas tradições, o reconhecimento da sua importância no todo nacional, o conhecimento minucioso de cada uma delas, das respectivas terras e populações e das suas potencialidades, só era possível em quem, como o Augusto, sentia a vibração do espírito açoriano como o pulsar do coração.

Se o Augusto se mantem vivo na dor e saudade dos amigos, essa amizade continua também através da família, da Margarida e dos filhos, Augusto, Duarte e Luisa Ana, minha muito querida afilhada. À Margarida cabe uma palavra de carinho muito especial pela inteligência, coragem e amor com que viveu a sua vida em comum, ajudando o Augusto, sempre na primeira linha dos combates sem número que ele teve de enfrentar ao longo da sua vida.

O Augusto, o Duarte e a Luísa Ana, com as suas enormes qualidades pessoais e o profundo amor pelo seu pai, reúnem as melhores condições para assegurar a continuidade de um tão grande espírito como foi o do Augusto.

Em memória de Augusto de Athayde

por Duarte Ivo Cruz

Evoco aqui a memória de uma amizade de 56 anos, desde outubro de 1958 até à sua morte em fevereiro de 2014. E por contingências da vida de cada um, pela convergência profissional e de interesses, pela trajetória internacional – Portugal, Brasil – e pela profunda amizade pessoal e familiar – mulheres, filhos – essa memória confunde-se com a própria trajetória existencial: de tal forma que se fica a pensar até que ponto de profundidade chega a influência do Augusto na vida e no pensamento dos seus amigos de sempre.

Integrámos o curso de Direito que pela primeira vez se iniciou nas novas instalações da Cidade Universitária. Inaugurámos a nova Faculdade, onde antes só houvera alguns exames finais de cursos anteriores, vindos do velho Campo de Santana. Eramos perto de uma centena, a maioria com 17-18 anos, a "enfrentar", por coincidências políticas, um lote de professores vindos, muitos deles, diretamente de cargos governamentais .

Mas mais pesava a indiscutível e indiscutida qualidade do ensino da Faculdade de Direito, percorrendo uma escala que ia de antigos catedráticos a então jovens assistentes, que hoje são velhos catedráticos jubilados. E a ordem alfabética do anfiteatro determinou que ao meu lado direito ficasse um aluno que em breve se destacaria logo no primeiro ano – o Diogo Freitas do Amaral – e ao meu lado esquerdo um amigo de longa data, contraparente – o Duarte de Castro. Não por acaso, meio século decorrido, a amizade mantem-se.

E um pouco abaixo no anfiteatro, um aluno para mim desconhecido no primeiro dia, mas que muito em breve passaria a ser também um amigo da vida inteira, precisamente o Augusto de Athayde.

Recordo, designadamente, algumas referências que surgem, ao gosto da época, no Livro do Curso Jurídico de 1958-1963, ilustrado com uma gravura do Vilhena que retrata o Augusto a tocar piano e rodeado de livros de Pessoa, Eça e Ciências Político-Sociais... Mas sobretudo, o que recordo dessa época é o início da tal amizade que duraria por mais de 50 anos.

De facto, a partir da Faculdade houve, como já disse, uma convergência pessoal e familiar que se reforçou com uma minha primeira estadia no Jardim José do Canto, em Ponta Delgada, casa de família do Augusto, isto em 1961, ano em que conhecemos a Margarida de Albuquerque, que viria a ser sua mulher. Foi, repito, a minha primeira estadia nos Açores, de muitas que se seguiriam.

Mas recordo agora o espanto que constituiu a primeira chegada ao Jardim José do Canto, onde o Augusto residia no verão, herança de família, e à casa que o pai fizera construir no topo daquele imenso parque particular, dominado por uma estátua do próprio José do Canto, onde se situava ainda a antiga residência, um pavilhão de festas e uma capela. E recordo designadamente a festa das bodas de prata da Margarida e do Augusto, e a valorização do Jardim José do Canto, obra central da vida de família do Augusto, da mulher e dos filhos.

O Augusto e o Duarte de Castro foram aliás meus padrinhos de casamento: e pertencemos a uma geração que marca esse tipo de solidariedades.

Colaborei com o Augusto de Athayde nos anos em que desempenhou funções governamentais na área da Educação, como Subsecretario de Estado da Juventude e Desportos e como Secretario de Estado da Instrução e Cultura. Trabalhei diretamente com o Augusto, a nível de consultadoria no Gabinete e também, no plano institucional e orgânico, como Subdiretor do então criado Secretariado para Juventude, e como Adjunto da Inspeção Geral de Educação.

Em 1974-1975, o Augusto fez uma pós-graduação no INSEAD, instituto de prestígio internacional com sede em Fontainebleau. Aí nos recebeu, a mim e à minha família, antes de seguirmos, mais ou menos na mesma época, para o Brasil – eles para o Rio de Janeiro, nós para São Paulo. Mas nunca se interrompeu o convívio, através de deslocações recíprocas a uma e outra cidade, estreitadas pela presença dos meus cunhados Bi e Mário Quartim Graça no Rio.

E foi no Rio de Janeiro que o Augusto iniciou uma brilhantíssima carreira universitária, com um doutoramento na Faculdade de Direito da Pontifícia Universidade Católica do Rio, que viria a prolongar depois em Universidades de Lisboa, designadamente nas áreas do Direito Administrativo e do Direito da Economia. Ao mesmo tempo, desempenhou funções ao mais alto nível na banca, e isto tanto no Rio como depois em Lisboa, onde representou instituições bancárias e de investimento brasileiras e portuguesas, em Lisboa e nos Açores.

Publicou uma série de livros inovadores na área do Direito Bancário e Financeiro, designadamente, entre outros, o "Curso de Direito Administrativo da Economia", o "Direito Económico" e o "Direito Bancário".

Mas também, talvez sobretudo, escreveu um interessantíssimo livro de Memórias, que denominou "Percurso Solitário", que transmite as grandes linhas de uma vida cheia e variada, numa descrição de grande sentido literário e sensibilidade. Terá herdado esse talento literário da mãe, Maria da Graça de Athayde, autora de peças de teatro ("Leonel", "Espaço para Alguns") e de diversos outros textos dramáticos e de prosa, de excelente qualidade literária.

Resta finalmente dizer que um convívio de amizade de mais de meio século ultrapassa em muito o que acima se escreveu.

Depoimento

por Eduardo Santos Silva

Conheci o Augusto de Athayde na nossa, dele e minha, juventude, teríamos 15 ou 16 anos – por via dos meus muito próximos amigos, o Martim e o José Cunha da Silveira, seus primos direitos pelo lado Valenças.

Recordo que por uma tarde queirozianamente lisboeta, de fina atmosfera colorida por sol amável, fui levado pelo Martim e pelo Zé ao palácio onde então vivia, na Rua do Alecrim, enfrentando a estátua legendada "sobre a nudez forte da verdade, o manto diáfano da fantasia", representando o leve e todavia profundo Eça, no acto que corporiza a referida inscrição.

Ao entrar na bela casa, carregada de história, que foi Quintela, que albergou Junot, propriedade, depois, da Família Carvalho Monteiro e que terminou, por sucessão, nos Marqueses de Pombal – logo no largo pátio de chão de pedra vislumbrei dois dignos "Rolls-Royces", um cinza, outro negro (que um "chauffeur", como então se dizia, espanhol e ancião, habitualmente conduzia). E, subindo com os meus amigos os lances de uma escada de certa grandeza e de mármore, encontrámos o Augusto num salão virado para um jardim, visível pelas largas portas-janelas que traziam luz a rodos e, com ela, a frescura de plantas.

Nesse salão, a par de mobília requintada – fixou-se-me no olho um conjunto de "bergères" e cadeiras forradas de "Aubussons", ilustrando creio que fábulas de La Fontaine – havia um solene piano de cauda, à beira do qual se sentava o Augusto, no mocho do estilo.

Junto dele estava um seu amigo, que também nesse dia conheci, o Marcus Noronha da Costa.

Este, vestido a preceito, de casaco e gravata, de acordo com os hábitos de um mundo de que já não resta muito. O Augusto, esse, de camisola, o que justificou, dizendo que acabara de chegar de uma sessão de box e ginástica com o "Tarzan" Taborda ... (Apreciei esta conjugação piano-box, que diz muito ...).

Foi esta a primeira visão que tive do Augusto, num quadro de bom-tom, em que, notoriamente, a desafectação das maneiras acasalava com o refinamento do "décor".

Num todo que singularmente lembrava – até pela personalidade de cada uma das figuras em causa, distintas entre si, mas com singularidades bem características em ambos – um quadro com sabor a finais do século XIX, como os pintava Eça de Queiroz ...

Com efeito, as variadas menções aqui feitas ao mestre da ironia, mas também da lúcida análise de pessoas, coisas e situações, justifico-as por condizerem com a primeira impressão que do Augusto criei no meu primeiro encontro com esse querido Amigo.

Impressão que se não deliu nos contactos que com ele fui tendo por mais de meio século.

Havia, na verdade, qualquer laivo do figurino queirosiano no Augusto de Athayde.

O qual aliava a uma inteligência, qualificável de poderosa; a uma imensa cultura; a uma aprimorada sensibilidade artística (tocava as sonatas para piano de Beethoven com facilidade ...); a um pragmatismo que o ajudou a vencer escolhos que as circunstâncias, designadamente do País, colocaram no seu caminhar pela vida; a uma avisada interpretação de seres e aconteceres – um fino sentido do humor que maravilhava quem o ouvia.

(Há muitos anos o Augusto referiu-me ter encetado um livro que seria a biografia de um sujeito chamado Carlos Marques, livro de que me esboçou o contexto, citando-me o que seriam as iniciais palavras da obra, de apresentação do biografado. Esperei em vão a publicação desse escrito, e as risonhas delícias que a sua leitura me propiciaria...).

Tendo-se brilhantemente realizado como Homem, rodeado de uma Família a todos os títulos excelente; realizado também como docente, como politico, como empresário, nomeadamente no sector da Banca; autor de mérito de obras várias (recordo o seu magnífico volume sobre Direito Bancário ...), sobre uma certa nostalgia do passado, matizava-o, também, algum pessimismo.

Que só entendi a par da consideração que Eça de Queiroz de si fazia, intitulando-se "vencido da vida": ele, feliz na família excelente que também criou, ele escritor de justo renome, ele Cônsul nesse seu amado Paris ...

Tentando resumir a categorização que, como pessoa, a Augusto de Athayde cabe, bastará dizer-se que era um encanto.

E que foi, iniludivelmente, para todos os que o conheceram – e para o País – um empobrecimento perdê-lo.

Augusto de Athayde (1941-2014)

por Guilherme d'Oliveira Martins

Há personalidades que marcam simultaneamente pela inteligência e pela discrição. O seu contributo é marcante, as suas ideias têm uma luminosidade especial e indiscutível, mas não necessitam de nada mais para se afirmarem do que irradiarem de um espírito superior. O caso de Augusto de Athayde, que em 2014 nos deixou, é um desses exemplos, que merece recordação e homenagem. Por razões familiares, conheci-o sempre, com a distância de sermos de gerações diferentes, mas mestres e amigos comuns foram-nos aproximando pessoal e intelectualmente. Não esqueço as palavras de grande estima e muito apreço que sempre ouvi sobre o seu contributo humano e científico da parte do meu saudoso mestre António Luciano de Sousa Franco – e o mesmo se diga de outros amigos como Diogo Freitas do Amaral, Manuel Côrte-Real e Duarte Ivo Cruz. O tempo permitiu conhecer o seu filho Augusto, aproximando-nos a amizade e muitas afinidades eletivas. Estas palavras breves de recordação são, por isso, sentidas e de gratidão.

Quando assumi funções de Ministro das Finanças, em circunstâncias sempre difíceis e exigentes, contei de imediato com o seu douto, sereno e avisadíssimo conselho. Nunca lhe senti qualquer dúvida ou resistência. Encontrei sempre em Augusto de Athayde uma característica constante do seu percurso cívico – um arreigado patriotismo. E esse patriotismo punha sempre em primeiro lugar o empenhamento na defesa intransigente dos valores e interesses portugueses. A sua biografia revela-o. E precisei muito do seu apoio, uma vez que foi um dos grandes juristas do seu tempo, no mundo da língua portuguesa e no mundo global do Direito. Foi um precursor e um inovador. Leia-se o seu fundamental *Curso de Direito Administrativo da Economia* (Cadernos de Ciência e Técnica Fiscal, 1970). Durante muitos anos foi essa a referência fundamental, ninguém poderia aventurar-se no campo novo do Direito da Economia sem essas lições claríssimas, seguras, audaciosas – num tempo em que essa disciplina dava os primeiros passos. E o que aconteceu? Depois de um primeiro momento em que a publicização foi a regra, nos anos a seguir a 1974, houve uma estabilização no sentido do equilíbrio entre Estado e mercado anunciado pelo jovem Augusto de Athayde. No âmbito do Direito da Economia, António de Sousa Franco seguiu com cuidado e rigor, renovando-os, muitos dos caminhos abertos nessa obra pioneira. E se o jovem e prometedor cultor do Direito Administrativo da Economia ainda hoje é fundamental, a verdade é que todo o seu trabalho de uma vida seguiu essa característica original: a inteligência, a argúcia e a capacidade de descobrir vias inovadoras e fecundas, capazes de iluminar a renovação do Direito Público. Os exemplos foram-se sucedendo: «Poderes unilaterais da Administração sobre o contrato administrativo» (1981); «Estudos de Direito Económico e Direito Bancário» (1983), ou o também fundamental «Curso de Direito Bancário» (Coimbra Editora, 2000). Numa invocação breve, para o público em geral, devo apenas dizer (e os melhores especialistas não me deixam mentir) que sobre os temas que estudou e tratou na Ciência do Direito tudo o que disse e ensinou é indispensável, pela pertinência e relevância, para compreender o essencial de tais questões. Mais do que valer sempre a pena, o certo é que não podemos esquecer o seu contributo.

Já referi o estudioso, o cientista, o homem do Direito e o cidadão empenhado. Devo ainda acrescentar o cultor da língua, da natureza e do património. Ao ler a imprensa açoriana – e Augusto de Athayde foi um dos mais ilustres açorianos do seu tempo – todos referem justamente o seu amor à identidade cultural da sua Região. Muitos referem os seus contributos na valorização do património cultural e natural, os jardins, a diversidade da flora de um território de sonho e o «seu» Jardim José do Canto. De facto, não podemos esquecer essa sua faceta, que o liga a várias gerações de açorianos que souberam cultivar do melhor modo «As Saudades da Terra».

Augusto de Athayde e o seu bem-amado Jardim José do Canto

por Isabel Soares de Albergaria

Embora conterrâneos, e também primos, a minha relação com Augusto Athayde, até então algo distante e ocasional, mudou no dia em que o Augusto, sabendo do meu interesse pelo estudo dos jardins, me perguntou se estaria interessada em fazer uma breve memória descritiva do Jardim José do Canto, a fim de preparar o processo de classificação do imóvel que pretendia levar a cabo. Acedi entusiasmada com a proposta e com a audácia do seu proprietário, sabendo como uma tal pretensão era considerada, à época, uma excentricidade. Corria o ano de 1992 e o Jardim Botânico José do Canto acabaria por ser, efetivamente, o primeiro, e durante vários anos o único, jardim inscrito na lista dos bens patrimoniais da Região.

Desde então, vieram somar-se outros interesses além dos que nos uniam ao jardim, e os nossos passos voltaram a cruzar-se muitas vezes, devendo-lhe eu o prazer – sempre renovado – de partilhar do seu convívio agradável e bem-humorado, da conversa viva e estimulante; e de poder testemunhar com admiração o seu olhar agudo e a observação crítica, o seu interesse pelas coisas da natureza e da arte. Encantava-me que ao Augusto parecesse absolutamente natural que o jardim não pudesse ser outra coisa senão um objeto da natureza pleno de cultura. Para ele essa aliança de matriz montesquiana cumpria uma espécie de imperativo da filosofia moral que se sustém no equilíbrio da razão com o sentimento.

O Jardim José do Canto, onde mergulham as *Raízes*[1] ancestrais de Augusto de Athayde, é justamente reconhecido como um dos emblemas do património de Ponta Delgada. Da tríade já reconhecida há dois séculos, e composta pelos jardins António Borges, Jácome Correa/Sant'Ana e José do Canto, o último é o único que se mantém na posse dos seus descendentes e em mãos privadas, o que é notável e atesta bem do esforço e dedicação dos seus fiéis depositários. «O Augusto e a Margarida preferiram conservar a casa de família às pompas do mundo que teriam ao alcance das mãos se para elas virassem o rumo do seu barco», escreveu elegantemente António Alçada Baptista quando em 1989 foi hóspede da Casa durante a *Presidência aberta* de Mário Soares nesta cidade açoriana. Justo. Embora só parte de uma dimensão que tem no discurso do poder e do prestígio, um outro desígnio que o jardim cumpriu e ao qual Augusto de Athayde não deixou de atender como parte de um percurso pessoal e social.

Entre a emoção e a razão, o espírito sensível e o pragmatismo, a ação de Augusto em prol daquele que é o legado maior de José do Canto, preenche um capítulo fecundo na história recente da cidade de Ponta Delgada e da ilha de São Miguel, após um período marcado pelo abandono e pela ruina. Trabalhos esforçados, muito empenho e dinheiro gasto foram necessários para inverter o ciclo de destruição que se iniciara no fim da vida do pai, aflitivamente agravado depois da morte deste.

Na construção de uma gesta pessoal, o Jardim José do Canto compôs um dos primeiros e principais quadros da existência, aquele que identificava com o seu Paraíso, perfeito e sem falhas, e como todos os paraísos, destinado a ser inevitavelmente destronado pela consciência da solidão e do medo. A esse paraíso voltará muitas vezes, alter-

[1] Título do seu último livro com fotografias de Margarida Martins, publicado pela Fundação Jardim José do Canto, em 2013.

nando o colorido e vivacidade da infância com o ritmo pesado e triste de novos tempos, desta vez marcado por trabalhos forçados, lágrimas e suor, batalhas jurídicas e patrimoniais que bem cedo se viu obrigado a travar para salvar da decadência e do esquecimento o jardim de família. A ele regressaria sempre, em curtas estadias ou nas longas temporadas estivais, e o jardim devolvia-lhe a consciência pacificada que terá representado, sem dúvida, o mais próximo que pode haver da experiência redentora.

Um dia o Augusto confessou-me: de todos os meus trabalhos, aquele de que mais me orgulho foi ter pago as dívidas de meus pais. Com justo orgulho invocava o trabalho bem-feito e as batalhas ganhas, atos dignos de figurar entre as virtudes dos antigos patrícios romanos e, contudo, não se esquecia de mencionar com que cores pálidas se tingiam tais recordações.

A presença da dor e a nuvem sombria da melancolia não estiveram, com efeito, ausentes da vida de Augusto, como de resto raramente escapam aos espíritos sensíveis. O *imenso rio negro das dores dos homens* percorre em fundo, ou mais próximo, a paisagem da sua vida. Mas a esse lado escuro que pairou como uma espécie de condenação, contrapôs o prazer vinculado ao gosto cultivado perante a diversidade das coisas, os bálsamos da vida, a fantástica profilaxia do riso, todos os cambiantes do humor, o prazer penetrante da música, as exaltações do pensamento filosófico ou o profundo sentido humano da literatura.

Não posso deixar de registar, por me sentir muito próxima nessa experiência exaltante, as múltiplas formas com que soube descrever o indizível amor da natureza: a cumplicidade silenciosa com o verde da pastagem, as sombras misteriosas das matas, o brilho refulgente do mar nos dias de Verão, a limpidez luminosa das lagoas, o cheiro a terra molhada, os raios de sol entre as nuvens... *La joie de vivre*, como lhe terá gritado um dia o primo António Luís num fim-de-tarde de acampamento, nas Sete Cidades.

Espécie de avatar pairando sobre todas as considerações mundanas, emergiu ao longo da sua vida a imagem do seu jardim de Santana, como fonte de prazer e refúgio conciliador, cuja evocação

Augusto remeteu, no seu livro de memórias *Percurso Solitário*[2] – quase como epitáfio – para a metáfora daquele pássaro grande e desconhecido que todos os dias vinha pousar, ao cair do dia, num ramo alto de um dos velhos carvalhos do jardim, à procura do lugar que lhe fosse «... mais suave para a noite».

Não tenho dúvidas de que os ramos altos das vetustas árvores do Jardim José do Canto reservarão para sempre um lugar de destaque a quem, como Augusto de Athayde, lhes dedicou uma tão devotada admiração.

[2] Augusto de Athayde, *Percurso Solitário*, Lisboa, Bertrand, 2006.

Depoimento

por Jaime Gama

Tenho pena de não ter podido conhecer o Augusto de Athayde com mais profundidade. A bem dizer, só depois do seu regresso a Portugal foi possível encontrarmo-nos várias vezes, quase sempre em contextos profissionais ou protocolares, ou ainda na hospitalidade distinta da sua casa em Lisboa, na companhia dos seus familiares mais próximos.

A ideia que retive do Augusto foi sempre a da biografia oficial, e nem o facto de ter casado com uma prima minha foi susceptível de modificar esse enquadramento. Conheci-lhe a trajectória académica, o gosto pelo direito, o envolvimento político e as responsabilidades no mundo das instituições financeiras. Segui sempre o seu percurso com a intensidade redobrada de quem desejava manter actualizada essa vertente do conhecimento em relação a um conterrâneo ilustre, mas a quem faltou a transposição para um patamar de maior intimidade, talvez pela distância de idades, que, embora sendo curta, não deixa de ser efectiva, talvez, até, pela timidez recíproca de ambos.

A leitura das suas memórias impressionou-me, porém, profundamente, como já havia acontecido com os textos autobiográficos de sua Mãe, com os quais forma, aliás, um conjunto indispensável para a percepção da nossa sociedade nas últimas décadas. Raramente se encontra um testemunho tão autêntico sobre a trajectória familiar, a capacidade de resistir ao infortúnio, a perseverança para conservar uma identidade e reconstituir com honradez uma reputação.

Nos testemunhos escritos do Augusto, versem eles sobre genealogia, botânica, geografia, arte, música ou história, há sempre a procura de uma raiz, para além de qualquer contingência, e o prazer metafísico numa diluição cósmica espiritualizada, susceptíveis de nos transportar silenciosamente para um território de elite e para uma autêntica comunidade aristocrática de valores e de pessoas de bem.

A referência aos Açores, mais essencial do que existencial, preenche, no seu trajecto indagador, essa função de nexo vital constante, sem o qual a coerência não teria podido ser tão exemplar como foi. O seu apego telúrico a uma paisagem de baixa intensidade luminosa serve-lhe para fundamentar o mérito dos parques eruditos enquanto meios propiciadores de mais rebuscada contemplação e de refúgio. Uma ilha, uma casa, um jardim formam, sem dúvida, a Pátria mítica deste varão do seu tempo, que, a contragosto, calcorreou o Mundo, sem nunca ter querido sair da paz infinita do pé da sua porta e do amor sempre muito merecido da sua Família.

Um amigo muito querido

por João Forjaz Vieira

O Augusto era uns seis ou sete anos mais velho do que eu e, por isso, só tive a sorte de o conhecer porque ele foi um amigo muito chegado, na Faculdade, das minhas irmãs e dos meus cunhados.

Quando vim da "guerra de África", em 1972, o Augusto era Secretário de Estado da Juventude e Desportos, e não havia dia em que se não falasse dele: da sua enorme inteligência, da sua graça infinda aliada a uma cara triste que se abria em surtos de gargalhadas que nos deliciavam a todos: estórias de "ridículos" da Faculdade, das loucuras criativas, de antepassados peculiares, heróis ou disparatados, de pequenas e vis traições e de ambições frustradas que rolavam no dia a dia do ambiente de trabalho. Enfim, um nunca acabar de temas sempre apanhados pelo lado do absurdo que nos fazia rir até às lágrimas.

Neste início de amizade, que durou uma vida, ficaram três enormes marcas: peguei no livro que o Augusto tinha acabado de editar com os discursos que fez como Secretário de Estado da Juventude e Desportos e fiquei absolutamente estarrecido: – como era possível que uma inteligência tão brilhante e empolgante, um génio tão superior, se afirmasse meu amigo?

A segunda marca foi mais tarde, no final do ano de 1973, talvez Outubro ou Dezembro, sendo ele então Secretário de Estado da Instrução e Cultura: o Augusto a discorrer sobre a política em geral, o governo, África, e eu, que tinha e tenho honra em ter contribuído militarmente, com todas as minhas enormes deficiências militares, para a ideia de "dar novos mundos ao mundo", e eu, dizia, ouvi-o afirmar taxativamente: isto não dura nem três meses e África vai ser um caos. Tive um enorme desgosto de juventude, porque, naturalmente, não vi como não fosse.

A terceira passou-se anos mais tarde, depois do regresso dele do Brasil. Eu tinha publicado um artigo, creio que n' A Capital, e no dia seguinte, no meio dos seus enormes afazeres profissionais, o Augusto encontrou tempo para me falar ao telefone para em termos muitíssimos elogiosos comentar o tal artigo. Como dizia o outro, os elogios podem ser mentirosos mas, mesmo que o sejam, aquecem imenso o coração, tanto que mais de quarenta anos de amizade vieram-me logo agora à cabeça.

Houve depois mais um elo de ligação que se revelou muito forte: as origens açorianas. Em comum, um avô terceirense do séc. XVIII, fazia-nos parentes, cúmplices de inúmeras "originalidades", reais ou imaginárias, dos nossos avós, que me faziam rir às lágrimas: estou a vê-lo a relatar ao vivo a morte no Japão de um dos chamados "mártires do Japão", o Beato João Baptista Machado, nosso tio, que "sabes, não morreu da primeira machadada dirigida ao pescoço e bradou no intervalo para a segunda: Jesus!, Jesus! Não achas que era um santo? Não gritar "não me mates" ... ou um palavrão qualquer!"

Talvez o único defeito que lhe conheci, e que me incomodava, foi o seu inexcedível pessimismo. De tal forma que chegou ao ponto de escrever no seu fantástico livro de Memórias um parágrafo a pedir desculpa aos filhos por os ter posto neste vale de lágrimas! Como é possível um homem que objectivamente venceu as enormes dificuldades que a vida lhe presenteou: a ruína completa do pai e a necessidade de reconstruir o caminho da sua vida profissional depois de 1974, o que fez com enorme brilho; como é possível, dizia, que se considerasse um derrotado e em consequência tivesse entristecido tanto nos dois ou três últimos anos da sua vida?

Por último, não posso deixar de lembrar gratamente talvez os melhores convites amáveis que me foram feitos: anualmente, as festas regulares na sua casa de Lisboa e as férias de verão no Jardim José do Canto em S. Miguel: pude ir uns três ou quatro anos seguidos, de que se iniciou a contagem nos oito dias do ano da grande festa dos seus cinquenta anos – inesquecível – o Augusto e a queridíssima Margarida no seu apogeu, com os seus amigos mais chegados, que por sorte em grande parte também são meus: oito dias a caturrar e a comentar acontecimentos que antecederam e sucederam a grande festa!

Bom amigo: até sempre, muito obrigado.

Depoimento

por João Mattos e Silva

Ce que l'on conçoit bien s'énonce clairement,
Et les mots pour le dire arrivent aisément.

Esta citação de Boileau, da sua "L'Art Poétique", surgiu numa das nossas primeiras conversas, no seu gabinete do Ministério da Educação, então no Campo de Santana, quando fui nomeado seu secretário, já lá vão 45 anos. E quando comecei a escrever este texto apareceu-me como o que, de um certo ponto de vista, pode definir o Augusto de Athayde: um pensamento claro, servido pelo rigor e clareza das palavras.

Conhecia, apenas de ouvir falar, o Augusto. Tinha-me sido referido que era um dos mais novos membros de um governo do Estado Novo, não sei senão mesmo o mais novo. Tinha vinte e oito anos quando foi nomeado pelo Prof. Marcello Caetano, de quem fora um excepcional aluno na Faculdade de Direito, Subsecretário de Estado da Juventude e Desportos. Fui-lhe apresentado pelo Mário Quartin Graça, amigo comum, que conhecia bem o meu curto percurso – tinha vinte e seis anos – e aquilo que pensava, tanto em termos ideológicos e políticos, como em termos de política de Juventude desejável, numa perspectiva de mudança. Fui quatro anos seu colaborador próximo no Ministério da Educação, nas Secretarias de Estado da Juventude e Desportos e da Instrução e Cultura, e vivi com ele intensamente esses anos finais do regime, desde a esperança de um caminhar para outra realidade política, à desilusão total, à convicção do seu fim próximo, ao estertor anunciado com as movimentações militares de que íamos tendo conhecimento e à madrugada do golpe militar em que, pelas primeiras horas do dia 25 de Abril de 1974, recebi um telefonema e o Augusto me disse: "aquilo por que esperávamos aconteceu".

Das muitas horas de conversa, da convivência que se prolongou por longos anos, ficou-me a imagem de um homem inteligentíssimo e com um pensamento estruturado, baseado em muitas leituras e em muita reflexão, de uma análise lúcida e desapaixonada, de uma memória incomum, um homem de valores e de convicções arreigadas, de uma pessoa tranquila na sua intranquilidade e certo pessimismo, que diria insular, calma, de um sentido de humor finíssimo que perpassava na descrição de acontecimentos, situações e pessoas, não se escusando a que fosse o primeiro a submeter-se-lhe, de uma cultura sólida e, diria, universal, de grande sensibilidade humana e intelectual.

Recordo-me, por exemplo, de o ouvir citar de cor passagens de grandes pensadores, poetas e escritores, entre eles de Eça, sobretudo de "Os Maias", e de me ter ensinado a ler Proust, que admirava, com um guia de leitura que escrevera. De falarmos longamente de política ou de música, de que era um profundo conhecedor, de História em geral e da História dos seus Açores, que eram uma terra mítica que corria no seu sangue e enchia a sua alma. Foi com ele que conheci Gaspar Frutuoso. Foi através dele que conheci escritores, poetas, músicos, pintores e escultores da sua pequena pátria oceânica.

Os quatro anos em que trabalhei ao seu lado e que foram difíceis – também pelo ritmo frenético que o Prof. Veiga Simão imprimiu à sua reforma da Educação –, sobretudo no quebrar de resistências em áreas sensíveis onde a ideologia se sobrepunha às realidades de um mundo em mutação, e que vinham sobretudo de sectores que lhe eram estranhos, esses quatro anos cimentaram uma amizade pessoal e uma confiança recíproca que prolongaram no tempo a colaboração que lhe prestei depois no sector da banca, a seu convite.

Homem livre e de liberdade, o novo regime não foi para o Augusto de Athayde um escolho ou um fardo: reformista por convicção e opção, viu no consulado de Marcello Caetano a possibilidade de mudar com tranquilidade para uma nova situação política, que nos integrasse na Europa livre e democrática e nos pudesse fazer atingir um patamar de desenvolvimento económico e social de que estávamos ainda muito longe. E entristeceu-se com a incapacidade que os últimos anos do Estado Novo demonstraram de se reformar.

Homem de carácter, foi incapaz de abandonar o barco quando o viu começar a afundar-se. Mas essa desilusão contribuiu decisivamente para não mais admitir a possibilidade de voltar ao mundo da política onde, tenho a certeza, poderia ter dado um contributo muito importante ao País. Conviveu com muitas personalidades do regime democrático que souberam reconhecer as suas virtudes humanas, culturais e cívicas, e não foi certamente por acaso, muito menos por cumplicidades políticas, que o Presidente da República Dr. Mário Soares lhe atribuiu, em 1994, a Grã-Cruz da Ordem do Mérito.

Foi um privilégio tê-lo conhecido e ter sido seu amigo. Dele recebi ensinamentos e exemplos que guardei e também contribuíram para ajudar a estruturar a pessoa que sou. Dele tive gestos de amizade, de confiança, de afecto, que nunca poderei esquecer. Um grande homem e um homem bom, que recordo e a quem presto tão sentida quanto singela homenagem.

Depoimento

por Jorge Miranda

O Augusto de Athayde foi meu colega de curso na Faculdade de Direito, mas durante os cinco anos da licenciatura não convivemos muito, cada qual com o seu grupo, mais ou menos alargado, vindo do liceu ou do colégio. Foi no chamado 6º ano (o curso complementar de ciências político-económicas de então) que tive oportunidade de o conhecer melhor, passando pela mesma experiência – nós dois e o Diogo Freitas do Amaral , a que o curso ficou reduzido – de seminários exigentes, em especial o do Professor Marcello Caetano, e de preparação de teses em poucos meses.

Depois estivemos juntos, nos quase três anos de serviço militar, na Marinha, e foi aí que a amizade, que tinha despontado naquele 6º ano, viria a crescer e a aprofundar-se.

Lembro-me das nossas conversas na Escola Naval no intervalo das aulas; da nossa viagem de instrução na fragata *Diogo Cão* a Cabo Verde, Açores e Madeira; do modo gentil como, em Ponta Delgada, recebeu os camaradas no seu maravilhoso Jardim José do Canto; e de como, colocados ambos no Ministério da Marinha, íamos, todos os dias, falar um com o outro, ele na Repartição de Justiça e eu na Direção do Serviço de Administração Naval.

Desde os últimos tempos da Faculdade, foi esse um período muito difícil para o Augusto, por causa do falecimento muito cedo do Pai e de problemas de ordem económica que teve de enfrentar. E soube enfrentá-los, com responsabilidade, grande coragem e uma tenacidade extrema, que o obrigavam a aproveitar todos os tempos livres de que podia dispor para trabalho, e mais trabalho, sem nunca deixar de pensar na família.

Era um jurista de primeira categoria, conforme mostrou como aluno, como docente no Instituto Superior de Ciências Económicas e Financeiras, na Faculdade de Direito e na Universidade Católica e como autor de vários estudos. Entre as suas obras saliento as lições de *Direito Administrativo da Economia*, as primeiras lições publicadas em Portugal sobre matéria da maior importância e que ainda hoje se lêem com proveito.

Mais tarde, outros professores seguiriam pelo mesmo trilho, com maior ou menor desenvolvimento. Nenhum faria melhor.

Não se confinava ao Direito. Era também o Augusto de Athayde – ou, justamente, por ser um grande jurista – um homem de cultura. A música era a sua predilecção, sem deixar de se voltar para a literatura, para a história, para a filosofia, para a política nacional e internacional. De formação conservadora, tinha suficiente lucidez para antever mudanças que, mais cedo ou mais tarde, se iriam verificar. E as nossas conversas e as que tinha com outras pessoas corriam agradavelmente, suavemente, sem sombra de ostentação e com aceitação de divergências.

Foi um pouco para ir ao encontro dessas mudanças, das mudanças que eram então possíveis, e por um impulso de dever que aceitou, em 1970, tomar-se Secretario de Estado no Ministério da Educação com Veiga Simão. Também não era tarefa das mais fáceis, no contexto em que o País se encontrava, e que cumpriu com lealdade e competência.

As vicissitudes do 25 de abril distanciaram-nos fisicamente; eu, envolvido muitíssimo na formação do PPD e em trabalhos legislativos (como o projeto de lei eleitoral para a Assembleia Constituinte) e ele, a breve trecho, rumando ao estrangeiro. Lamento não termos falado na altura. Porém, quando voltou do Brasil, retomámos os nossos contactos, embora bastante mais esporádicos. Depois veio a doença e os últimos encontros que tivemos foram quando o visitei em casa.

O livro de Memórias que nos deixou – de uma infância feliz em São Miguel aos embates de Lisboa – tem páginas magníficas, algumas de prosa poética. Está, porém, repassado de melancolia (talvez a melancolia própria das ilhas) e, aqui e ali, de algum travo de desilusão. Donde o título, *Percurso Solitário*. No entanto, também nele perpassam a busca da paz e um olhar de esperança. E, por isso, quero terminar transcrevendo estes versos de Miguel Torga:

"O que é bonito neste mundo, e anima,
é ver que na vindima
de cada sonho fica a cepa a sonhar outra aventura.
E que a doçura que não se prova

se transfigura
noutra doçura
muito mais pura
e muito mais nova."

Poema para o Augusto

por Leonor Xavier

Fingias-te formal e sério
no devagar dos passos
medias o peso da prudência
E no riso dos teus olhos
podias troçar de tudo à tua volta
Para ti sábio contador de histórias
perguntador de mistérios
a natureza humana desfilava
desvendada
O Jardim envolvia a Casa
Nos serões, em círculo
segredávamos cumplicidades
temores, adversidades, ironias,
emoções
Saborosas maledicências
temperavam a ternura do querer bem
do crescer juntos
do aprender o amor imenso à vida
do entender o mundo
do gosto pela palavra,
prazerosas artes
de sempre, em ti.

Um conservador açoriano

por Luís Beirôco

Conheci o Augusto de Athayde no início dos anos sessenta do século passado, quando ambos éramos alunos da Faculdade de Direito de Lisboa. A nossa amizade consolidou-se nas lutas académicas que caracterizaram os primeiros anos dessa década, bem como na "Acção Académica", um movimento estudantil então criado e de que o Augusto foi secretário-geral.

Desde esse tempo que me habituei a definir o Augusto como um conservador açoriano, nostálgico do mundo aristocrático em que nascera e que ele sentia que estava a desaparecer, mas que ao mesmo tempo sabia, como o príncipe de Salina do romance de Lampedusa, que era preciso que alguma coisa mudasse para que o essencial pudesse ser preservado. A saudade da infância micaelense – o seu paraíso perdido – e o amor pelos Açores acompanharam-no ao longo de toda a vida. E nunca deixou de ser um conservador lúcido, a quem coube viver em tempo de grandes mudanças, em Portugal como no Mundo.

Passados muitos anos, na sua casa de S. Miguel, no meio desse maravilhoso Jardim José do Canto – um dos mais belos jardins de Portugal –, tivemos uma larga conversa em que, depois de evocar os combates e as ilusões da juventude, procurámos reflectir serenamente sobre o passado e sobre aquilo que a vida nos tinha ensinado. Como é natural entre pessoas que seguiram percursos muito diferentes, houve pontos de convergência e pontos de divergência.

Numa questão fundamental estávamos inteiramente de acordo: as revoluções são sempre o resultado de, a tempo e horas, não terem sido feitas as reformas necessárias. Interrogámo-nos sobre as diferentes transições para a democracia de Portugal e de Espanha. E chegámos à conclusão de que os tempos de guerra não são favoráveis às reformas e, muito pelo contrário, apelam às soluções radicais.

Uma outra recordação, de carácter mais pessoal, retenho dessa conversa. O Augusto confessou-me o desejo de, uma vez terminada a sua carreira profissional, se retirar para a sua casa de Ponta Delgada para escrever dois ou três livros que já estavam esboçados no seu pensamento. Quis o destino que a morte prematura o impedisse de concretizar esse desejo.

Fica a indelével recordação do Amigo, do colega, do homem de cultura, do fã de Proust, de Eça e de Pessoa – e dos momentos ímpares que tudo isso nos proporcionou.

Depoimento

por Luís Brito Correia

Conheci o Augusto de Athayde como colega da Faculdade de Direito da Universidade de Lisboa, em 1958. Afável, conversador, alegre, surpreendeu-me quando descobri que praticava boxe! Dava nas vistas, porque vinha para a Faculdade num Rolls Royce, o que era muito raro na época! Tinha um grupo de amigos, muitos vindos do Colégio de São João de Brito, em que só mais tarde me senti incluído. Revelou-se um dos melhores alunos do curso, a par com o Diogo Freitas do Amaral; estudioso e brilhante, sem exibicionismo, sempre preferiu intervir na sombra. De família açoriana, apresentou um interessante relatório sobre o Estatuto das Ilhas Adjacentes, que certamente contribuiu, nesse ano, para a melhor nota da cadeira de Direito Administrativo, regida pelo, então (e hoje ainda!), muito respeitado Prof. Doutor Marcello Caetano.

Voltámos a encontrar-nos ao longo do serviço militar, na Armada – ele, no Serviço de Justiça do Ministério da Marinha, com o Comandante Silva Dias e o Rui Machete; eu, na fase de instrução, e, depois, no Serviço de Justiça do Centro de Alistamento e Adidos, no Alfeite. Nos intervalos das nossas actividades militares, convivíamos diariamente, sobretudo na chamada Sala da Balança, com o Artur Santos Silva, o Ernâni Lopes, o Jorge Miranda, o Manuel Porto, o João Padrão, o

Victor Constâncio e tantos outros, com quem discutíamos tudo – desde os problemas do dia-a-dia até à política geral e, inevitavelmente, à guerra do Ultramar, em que estávamos todos envolvidos. Descobri nele uma inteligência fulgurante, combinada com um notável bom senso, um extraordinário contador de histórias, de um sentido de humor invulgar. Na viagem de instrução, passei pela sua Ilha de São Miguel, onde é famoso o Jardim José do Canto – criado pelos seus antepassados e recuperado e mantido por ele, com grande entusiasmo.

Foi Secretário de Estado da Juventude e Desportos do governo de Marcello Caetano. Voltámos a encontrar-nos nesse tempo, porque ele aprovou a compra do Palácio Angeja-Palmela com o parque botânico do Correio-Mor, no Lumiar, onde a minha irmã, Natália Brito Correia Guedes, instalou e dirigiu o Museu do Traje.

O 25 de Abril de 1974 apanhou-o ainda no Governo. Convenceu-se de que o seu futuro imediato em Portugal viria a ser problemático, tendo ele um curso de direito, que dificilmente pode ser usado fora do País. Por isso, decidiu estudar gestão de empresas – uma disciplina mais universal. Como sabia que, em 1970-71, eu tinha frequentado o INSEAD, em Fontainebleau, perguntou-me se poderia ainda ser admitido ao curso de mestrado (MBA), nesse ano. Telefonei ao meu antigo professor Claude Rameau, que dirigia as admissões, e, naturalmente, ficou encantado com o ex-Secretário de Estado. O Augusto ficou-me "eternamente grato" (na expressão dele) por esse tão simples gesto.

Passado esse ano lectivo em França, com o previsível êxito, encontrou nova vida, no Brasil, a trabalhar, primeiro, no City Bank e, depois, para os Espírito Santo. Doutorou-se na Universidade Getúlio Vargas, onde ensinou. Durante anos, poucas vezes nos encontrámos.

Depois de regressar a Portugal, intensificámos a nossa amizade. Ensinou Direito Bancário – que eu também regi durante alguns anos – e, por isso, tivemos ocasião de conversar e trocar textos.

Ele organizava lanches na sua magnífica casa da Rua Cecílio de Sousa, onde juntava um notável grupo de amigos: António Alçada Baptista, Diogo Freitas do Amaral, Martim de Albuquerque, António Sousa Franco, Duarte Ivo Cruz, Mário Quartin Graça, Leonor Xavier e Raul Solnado, outros colegas da Faculdade, etc. Lá conheci a sua Mãe,

D. Maria da Graça, de quem herdou o talento encantador para contar e escrever histórias. Eu convidei-o para jantares da Associação de Antigos Alunos do INSEAD, em minha casa, em que tive o gosto de aprofundar a nossa amizade e debater tantos assuntos de interesse comum.

Diversamente do que se passou com outros antigos membros do Governo do Estado Novo, ele nunca quis participar claramente na vida política partidária, preferindo manter as suas relações na sombra. Foi membro do Conselho da Nobreza e cavaleiro da Ordem de Malta.

Soube escolher a Margarida, uma mulher notável, economista, que o ajudou muito a recuperar grande parte do património da família, incluindo a casa do Jardim José do Canto, que é um dos ex-libris de São Miguel, bem como a educar os três filhos, Augusto, Duarte e Luísa, e os netos.

Um português dos Açores

por Manuel Braga da Cruz

O meu primeiro conhecimento de Augusto de Athayde foi através dos seus textos. Li intervenções suas enquanto membro do Governo de Marcello Caetano, quando preparava a minha tese de doutoramento. Impressionou-me positivamente a novidade do que dizia em matéria de política de juventude. Percebia-se que estávamos perante um projecto mais de "renovação" do que de "continuidade". O seu discurso era de abertura ao presente, de atenção ao que de novo havia nos problemas que a evolução da sociedade ia pondo, de compreensão pelo justo desejo de protagonismo da juventude. No conteúdo e na forma, era diferente o que dizia, em relação à época. Não foi difícil sintonizar com ele. Foi ali que nasceu o meu desejo de o conhecer pessoalmente.

A oportunidade surgiria alguns anos depois quando, encarregado de promover a avaliação das instituições universitárias privadas, no âmbito do Conselho Nacional de Avaliação do Ensino Superior, tomei a iniciativa de o convidar para integrar uma das Comissões, convite que aceitou e desempenhou com a competência com que marcava tudo o que fazia. Foi assim que passei a contactar mais regularmente com ele, e a ter oportunidade de apreciar e admirar as suas qualidades de inteligência, o seu fino espírito de observação, a sua vasta cultura e erudição. Fui descobrindo o prazer que era conversar com ele sobre os mais variados temas.

Não admira pois que aproveitasse todas as ocasiões para o ouvir. Uma delas me impressionou particularmente. Um dia, a Real Associação de Lisboa convidou-o para uma conferência sobre nacionalismo, em pleno processo de integração europeia. O tema chamou em especial a minha atenção, porque realizara pouco antes um estudo sobre "Nacionalismo e patriotismo na sociedade portuguesa", a pedido do Instituto de Defesa Nacional. Augusto de Athayde prendeu o auditório com a elegância com que abordava os assuntos, revelando um conhecimento e um domínio da mais recente literatura científica sobre o assunto. Por trás da erudição e da inteligência, estava alguém que era "português". A sua abertura ao mundo, a largueza de horizontes em que se movia, não esbatia a afirmação de uma identidade em que me revia.

Pude confirmá-la, repetidamente, quando nos encontrámos regularmente, anos volvidos, nas cerimónias da Senhora da Conceição em Vila Viçosa, em todos os dias 8 de Dezembro, a que não faltava.

Foi este o primeiro traço da sua personalidade que registei. Com o tempo, percebi o seu apego aos Açores, a que se devotava como quem cuida de uma raiz de onde brota a seiva que mantém as árvores de pé. Augusto de Athayde traduzia, à perfeição, o que se diz dos mais cosmopolitas, que precisam de ter um chão para ir além dele. Esta sua radicação insular não o impedia, pelo contrário favorecia, sentir-se atlântico, quer dizer português. Augusto de Athayde era de facto "um português dos Açores".

Augusto de Athayde era alguém que tornava a tradição actual e actuante, que modernizava o passado como guia para o futuro. Não nascera na véspera, vinha de longe, e levava consigo esse lastro familiar que fazia da sua uma vida densa. Era um homem antigo, profundamente actual, com visão larga e distante. Talvez porque os Açores o tenham ensinado a olhar ao longe e ao largo, sem deixar de se amarrar à terra e à história de onde viera.

Há pessoas que deixam marcas nas nossas vidas, não pela frequência de contactos, mas pela intensidade com que se cruzaram connosco. Posso dizer o mesmo de Augusto de Athayde.

Depoimento

por Manuel Côrte Real

Escrever algumas linhas acerca do Augusto de Athayde será sempre tarefa difícil que nunca ficará completa. A sua personalidade era tão rica e multifacetada que dificilmente um breve comentário se poderá aproximar da realidade.

De todas as suas imensas qualidades pessoais e sobre as quais muitos amigos se pronunciarão com grande propriedade, a que mais me tocou sempre foi a sua constante amizade ao longo da vida, indiferente a quaisquer circunstâncias por que ele ou eu tenhamos passado.

Conhecemo-nos quando eramos "teenagers" e por motivo da amizade antiga entre as nossas mães. Devido a essa amizade eramos convidados reciprocamente para as nossas festas de aniversário.

Como tantas vezes acontece em circunstâncias semelhantes, os amigos que nos são impostos para essas celebrações, e com os quais pouco ou nada partilhamos, vão-se afastando ao longo da vida. Com o Augusto tal não aconteceu. Desde logo admirei as suas notáveis qualidades e fascinou-me a forma como equilibrava os seus estudos, as suas lições de piano que revertia em pequenos concertos que oferecia aos amigos, a prática do desporto, o convívio social que desde cedo desenvolveu e o culto pela amizade.

Conheci-o imerso naquele cenário maravilhoso que é o palácio Quintela, onde vivia com os pais, e cujas pinturas de decoração mural da autoria de Mestre Fonseca bem como as telas de Columbano me explicava e fazia admirar. Era ali que reunia os seus amigos para festas de anos que a partir dos 15 ou 16 anos se transformaram em divertidas festas de dança. Eram animadas pela música de Shegundo Galarza e nelas também tomavam parte os nossos pais que eram amigos dos pais dele. O ambiente era de imensa cordialidade, animação e divertimento, muito influenciado pela notável personalidade de sua mãe, Senhora Dona Maria da Graça, perfeita anfitriã. A ceia era sempre magnífica, posta naquela mesa imensa em que se destacavam as peças da baixela Odiot que havia pertencido à Rainha Dona Maria Pia.

Era um estilo de vida único e requintado, pautado pela afeição, mas também marcado pelo gosto da grandiosidade e da beleza em que tudo o que era proporcionado aos amigos tinha de ser de nível o mais elevado possível.

Mais tarde, quando ambos estudávamos Direito e tínhamos aulas só à tarde, muitas vezes eu ia ter com o Augusto para estudarmos de manhã e ficava para almoçar.

Depois partíamos para a Faculdade, mas faziamo-lo no Rolls Royce do pai do Augusto, conduzidos por impecável chauffeur. Tudo isto, que a mim me maravilhava pelo inusitado, era posto em prática pelo Augusto com tal humor e tanta simplicidade que retirava a "estes luxos" quaisquer vestígios de ostentação ou soberba e que o aproximavam ainda mais dos amigos.

Estas qualidades, que tão cedo evidenciou, mantiveram-se ao longo da sua vida cheia de dificuldades e revezes dos quais triunfou graças à sua inteligência, tenacidade, trabalho e sentido do dever.

Tendo eu sido colocado na Embaixada de Portugal em Brasília, foi possível deslocar-me ao Rio de Janeiro com alguma frequência e ali encontrar-me com o Augusto, que com a sua imensa generosidade e a amizade de sempre nos recebia calorosamente. Assim pude ir testemunhando como o Augusto ia recriando uma nova vida, pessoal e profissional, dedicada ao ensino e depois à atividade bancária, com uma segurança e autoridade que lhe granjearam o maior prestígio.

Finalmente, no regresso a Portugal e para além da sua intensa atividade profissional, pôde dedicar-se mais aos seus interesses históricos e genealógicos, adquirindo posição de destaque ao publicar os estudos das suas famílias açorianas. Pôde também dar mais tempo e atenção ao cuidado do Palácio e Jardim José do Canto, pelo qual nutria justificado e imenso orgulho.

Aos seus amigos proporcionou estadias e festas de sonho neste cenário magnífico. Para mim foi sempre motivo de admiração a forma como foi atingindo e realizando os objetivos que se propunha, neste âmbito familiar e patrimonial, mas sem nunca descurar o âmbito profissional.

Foi justamente neste cenário único do Palácio e do Jardim José do Canto que tive os últimos momentos de conversa com o Augusto. Tínhamos celebrado em S. Miguel a festa onomástica de S. João Batista, patrono da "nossa" Ordem de Malta. Após o grandioso jantar no Palácio, quase todos os amigos que ali tinham ficado alojados regressaram a Lisboa e às sua vidas. O Augusto, que de início evidenciara alguma prostração, graças à presença de numerosos amigos e convidados, tinha-se animado muito e apreciava de novo a boa conversa. Pediu-nos que ficássemos mais uns dias e assim fizemos, tendo tido oportunidade de conversar calmamente e sobre tantos assuntos de interesse mútuo. Na despedida reiterou-nos o convite para nos alojarmos no Palácio quando, em Agosto do ano seguinte, festejasse as Bodas de Oiro matrimoniais, com grande festa, como tanto gostava de organizar para acentuar bem a importância que para ele tinham as celebrações familiares. Partimos com essa ilusão e propósito. Afinal, e infelizmente, essa celebração não se chegou a realizar.

Que triste fiquei por não ter podido, nessa ocasião que seria tão especial e mais uma vez, lhe testemunhar a minha fiel e constante amizade ao longo das nossas vidas.

Depoimento

por Manuel de Noronha e Andrade

Conheci o Augusto através do meu primo Marcus de Noronha, seu cunhado. Fiquei instalado no Jardim José do Canto, em S. Miguel, e agradeci-lhe encantado com a hospitalidade recebida. Estava ainda no Brasil a trabalhar e começámos a escrever-nos com alguma frequência.

Sendo uns bons anos mais novo do que ele, não tinha sido seu contemporâneo na Faculdade de Direito.

As primeiras cartas, sobre temas variados, revelaram-me desde logo o seu estilo inconfundível: enorme sagacidade e cultura, muita graça nos comentários e um regressar a uma epistolografia já um pouco arredada desses tempos. Eu tinha escrito cerca de 500 cartas e recebido outras tantas, quando estive no Oriente, em Macau e Hong-Kong, por isso foi com enorme prazer que me dediquei a corresponder-me com o Augusto.

Quando vim para Portugal fundar a segunda instituição financeira privada, a seguir ao 25 de Abril, contactei com o Governo e nomeadamente com o Diogo Freitas do Amaral, que era Vice-Primeiro Ministro e, nas nossas conversas, foi abordado o regresso do Augusto a Portugal, e a possibilidade de se juntar a este meu projecto, dada a sua experiência bancária no Brasil.

Assim se fez e o Augusto foi comigo a Hong-Kong, e tudo ficou assente. Muito haveria a contar sobre a experiência do Augusto no Oriente, mas não me deixaria tempo para falar do Homem.

Convivi com ele no Conselho de Administração da FINC (Financial and Investment Company), assim se chamava a Sociedade de Investimentos que deu depois origem à ESSI, a qual foi comprada pelo Grupo Espírito Santo, tendo-se finalmente tornado no BESI.

Foram seis anos de intenso e desafiante trabalho em que partilhámos ideias, experiências, sempre num crescendo de amizade e intimidade, bem como responsabilidades nesses turbulentos tempos. O capital era chinês – Bank of China, Tai-Fung Bank e Trafalagar – e eu, sendo o representante dos accionistas, viajava muito para Hong-Kong. O Augusto ficava na rectaguarda a assegurar uma gestão impecável e criteriosa.

Algumas histórias típicas do Augusto, entre centenas que poderia testemunhar:

A Secretária dele, a Margarida Sottomayor, de uma fidelidade a toda a prova, vinha-nos dizer que lhe queria passar uma chamada de Hong Kong. O Augusto mudava de cara e dizia-me: atende tu, pois são más notícias! Eu assim fazia, pasmado nos primeiros tempos por tal presciência, e tratava-se afinal de uma conversa cordial do acionista maioritário a indagar do progresso das nossas actividades e a demonstrar a sua confiança e amizade. A primeira conclusão que tirei ao longo da nossa convivência foi a do seu pessimismo inato que era contrabalançado pelo meu optimismo, o que resultava numa combinação harmoniosa.

Tínhamos uma sala de almoços corporativa onde recebíamos Clientes e Convidados e os menus eram criteriosamente escolhidos pelo Augusto, apesar de me consultar sempre. Aliás, sendo ambos bons "gourmets et gourmands", para além de serem excelentes as opções do Chef – na rua Borges Carneiro – havia sempre umas generosas fatias de queijo da Serra, senão mesmo queijos inteiros e uns doces de merengues com ovos, como sobremesas. As quantidades eram muito significativas, por isso os nossos convidados – banqueiros e homens de negócios estrangeiros e nacionais, bem como outras figuras conhecidas do mundo empresarial e nossos Clientes – sendo na maioria muito "piscos", quando chegavam ao fim do prato principal, comiam poucas sobremesas.

Depois deles partirem, o Augusto instalava-se à mesa comigo e passávamos umas boas horas à conversa sobre tudo menos "boring taxas de juros" ou outros temas "escaldantes" do mercado, objecto das trocas de impressões durante os diferentes repastos.

Claro está que tanto o bolo de merengue como o queijo da Serra marchavam todos, à porfia e em dias ímpares. Quando os acabava, olhava-me como um menino pequenino apanhado em flagrante: que disparate, por isso vou morrer cedo!

Foram tempos para mim de grande deleite e aprendizagem pela sua vasta cultura, o uso de expressões muito engraçadas e com sentidos subtis, a sua inteligência, a sua humanidade e até, surpreendentemente, uma liberdade de pensamento e de costumes não coincidente com o seu perfil oficial de conservador. Esta intimidade fez-me conhecer o Augusto na sua "bipolaridade", se assim se pode chamar: o amigo informal, risonho e brincalhão, malandro e brejeiro, de uma memória invulgar, abrindo-se e mostrando as suas fraquezas e debilidades bem como a sua grandeza e, por outro lado, o Augusto formal, um pouco tímido até, cerimonioso, cortesão, atento ao mundo em redor, sabendo intervir com a palavra justa e prudente sem se comprometer demais, o profissional rigoroso e bem preparado, o parceiro ideal. *Hélas*, sabendo ele tanto de Direito, confessava-me que se tivesse coragem de praticar a Advocacia, tinha a certeza que teria o maior sucesso, mas que morreria pobre e sem clientes, acrescentava!

Fui para ele um Amigo seguro, sério, fiel e tenho a sensação de que fui correspondido. Depois ao longo da vida, e quando nos encontrávamos menos amiúde do que nesta convivência diária, tínhamos umas cumplicidades em que recordávamos frases, situações únicas vividas quer cá quer na China, e dávamos boas risadas e sentíamo-nos bem em conjunto.

A sua Mãe e a Margarida foram pedras angulares na sua vida e isso sentia-se a cada passo. O Augusto, nas suas luzes e sombras, foi um Homem que deixou marcas naqueles com quem conviveu.

O melhor elogio que lhe posso fazer é o de que estará seguramente entretendo os deuses no Olimpo com as suas histórias divertidas e mágicas. Tenho muitas saudades dele. Paz à sua alma.

Depoimento

por MARGARIDA MARTINS

Conheci o Doutor Augusto de Athayde por causa do belíssimo Jardim Botânico José do Canto, a que ele chamava "filho" e amava como tal, e que eu me propus fotografar. Escrevi-lhe a pedir autorização para isso, e dessa carta nasceu uma amizade e o livro com textos dele e com fotografias minhas, intitulado adequadamente "Raízes", e que pretendeu mostrar toda a beleza desse Jardim encantado.

Encontrávamo-nos regularmente para planear o trabalho, e dessas conversas nasceu uma admiração enorme, alicerçada na confiança mútua. Falávamos do Jardim, que aprendi a amar e a reconhecer a maior parte das árvores, dos cuidados a ter na sua manutenção, das fotografias, do livro que queríamos publicar, mas falávamos também de muitas outras coisas, de nós, dos nossos problemas, do dia a dia, das nossas opiniões, das dúvidas e certezas.

Foi no decorrer dessas conversas que ele me ofereceu o livro que havia escrito, "Percurso Solitário". Li-o num instante, percebendo melhor as razões do seu amor ao Jardim, e também a figura do meu Amigo, de uma humildade tão grande, em paralelo com a grandeza da sua alma. Nesse livro, expôs-se sem disfarces, sem preconceitos, e de uma forma admirável, já que conseguia escrever como ninguém. Aliava essa capacidade de perceber as questões à volta de ser e de viver, à capacidade rara de se conseguir exprimir com clareza e elegância. Tinha uma escrita precisa e revelava em cada linha a sua educação cuidada, a acutilante inteligência e uma visão do mundo larga e esclarecida. Era um Homem de grande cultura e um "pessoano".

Fiquei hospedada, assim como a minha filha Leonor, em várias ocasiões, na sua casa do Jardim, onde o conheci melhor, assim como à sua mulher, D. Margarida Athayde, com quem desenvolvi também uma relação de grande afeto.

Durante esses dias percorri o Jardim, olhando e fotografando, reparando nos pormenores e registando a sua diversidade e encanto com a máquina fotográfica. Só quem conhece o Jardim, consegue entender a magia dos dias que ali passei.

O livro ficou pronto na Primavera de 2013 e foi lançado em Julho desse ano, na FNAC do Chiado primeiro, e depois em S. Miguel. Na altura, estava a candidatar-me à Junta de Freguesia de Arroios. Augusto de Athayde manifestou-me o seu contentamento por este meu novo desafio e desejou-me os maiores sucessos, que sei que foram sentidos e sinceros.

Para ele, a publicação do livro era o concretizar de um sonho antigo e acarinhado, que fico muito feliz por ter ajudado a tornar possível.

Homenagem ao Professor Doutor Augusto de Athayde

por Maria da Glória Garcia

Nestas brevíssimas palavras de sentido testemunho pessoal, recordo o dia – era então assistente de Direito Administrativo do Professor Augusto de Athayde, na Universidade Católica Portuguesa, tal como o Dr. José Gabriel Queiró – em que, para não perturbar agendas preenchidas e rapidamente se distribuírem as tarefas do período de exames, sugeri ao Professor Augusto de Athayde e ao meu colega José Gabriel Queiró um almoço ligeiro em minha casa, o que por ambos foi aceite.

Durante o almoço, as palavras fluiram como as cerejas, sem forma de saciar. Eram histórias de azul e verde da amada ilha açoriana, episódios de aula com mestres conhecidos, estudantes incautos ou com bravata, retidas e descritas como se as estivesse a vivenciar e fazendo-nos delas partícipes. Mas também histórias da História, universal e portuguesa – nos bastidores das decisões políticas, em casamentos reais, sobre genealogia...

Quando o telefone de casa tocou – nessa altura ainda não havia telemóveis –, o tempo suspenso na narrativa quebrou. Eram quase seis da tarde. Procuravam-nos. Havia reuniões por realizar, trabalho por concluir, horas desencontradas, surpresa. Mas a boa disposição imperava e seguramente dúvidas não se suscitavam sobre quem possuia a rara capacidade de retirar dimensão ao tempo.

Recordo também o dia em que o Professor Augusto de Athayde me pediu que o substituísse em aulas teóricas. Mostra de grande consideração, o pedido envaideceu-me e com afinco as preparei, procurando não defraudar as expectativas e estar à altura do desafio. Era, de um lado, a possibilidade de exercer tirocínio de docência universitária, com autonomia, de outro, a certeza de que o meu trabalho lhe merecera atenção e ganhara a sua confiança.

Com especial gosto e sentido de responsabilidade prestei contas do que fizera, dando conhecimento do exacto ponto em que ficara na leccionação. O que se seguiu deixou-me estupefacta. Quis compensar-me pelo trabalho feito, dividindo comigo o seu vencimento. Neguei com veemência receber, invocando, além do mais, a honra que tivera em o substituir em aula teórica, insusceptível de ser confundida com trabalho. Compreendeu as minhas razões e o assunto morreu, assim entendi então.

Tempos mais tarde, recebi uma carta da fantástica Livraria Buchholz, à época uma jóia para os amantes da leitura e da investigação. Alguém, não identificado, abrira, em meu nome, uma conta para livros pelo que os deveria escolher ou encomendar...

Ter presente o Professor Augusto de Athayde, nestas linhas tecidas numa amizade construída em mais de trinta anos, que não precisava da assiduidade para se enriquecer e se sustentava numa forma própria de estar que não admitia dúvidas sobre o essencial, não pode, pelo que subjaz – e é tanto – às duas vivências descritas, deixar de envolver, simultaneamente, alegria e tristeza, sentimentos só aparentemente contraditórios.

Alegria porque Augusto de Athayde tinha o condão de a anunciar quando convidava ou era convidado para o convívio, sempre descontraído e tranquilo, mesmo quando envolvia trabalho complexo, monótono ou pesado. A sua singular relação com o tempo, ocultando-o por detrás do contar de uma história, de um episódio, de um pormenor escondido num visual conhecido onde o seu humor fino intervinha, era proverbial, com o que aliviava tensões, fazia esboçar sorrisos ou criava as tão necessárias pausas onde se ganha distância sobre o que se analisa e se readquire a força que está a esmorecer.

Mas alegria também pelo acolhimento elevado e integridade de pensamento, a que a elegância dos gestos conferia uma envolvência peculiar. A alegria de o ter presente não pode, pois, deixar de andar de passo com a tristeza.

Com a beleza poética de Daniel Faria, a amizade de Augusto de Athayde, ontem como hoje, sussurra-me mansamente ao ouvido: «*Guarda a manhã/ Tudo o mais se pode tresmalhar*».

Amizade, conversa e D. Redonda

por Maria Isabel Lowndes Marques

A primeira carta, de muitas, que o Augusto, chegado ao Brasil, escreve ao Paulo, acaba assim: "Tu as vécu tout un heureux jour; vois sans regret le sommeil en marquer le terme; car ce jour tu vas le vivre le reste de ta vie!"

Referia-se, naquela altura, aos meses passados juntos, em Inglaterra, cuja memória todos guardávamos, de enormes passeios, lindos parques e casas, petiscos partilhados, alguma confusão com quatro crianças pequeninas, e conversa, conversa, conversa...

A "conversa" tinha sido uma constante nos anos antes desta estadia em Inglaterra. Em casa da Margarida e do Augusto, na Rua João de Deus, no nosso andar "nos bairros orientais" com a vista de Lisboa, em casa de amigos queridos (que agora promovem este livro!), em restaurantes que A e P investigavam (gourmets ou gulosos!).

O assunto que as trocas de ideias abrangiam era vasto: de política a história, de lugares a pessoas, de ideias abstractas a *muito* concretas, tudo isto, quando vindo do Augusto, embrulhado naquela "verve" única e inesquecível, combinada com a sua inteligência profunda e fulgurante espírito.

Recordo sempre com a maior saudade as idas a Fontainebleau, ao Rio de Janeiro e as maravilhosas semanas em S. Miguel. Penso que o

Jardim José do Canto faz parte daquelas "lembranças-joias" que se guardam, se me for permitida esta platitude, num cofre especial de memórias.

O Paulo era profundamente amigo do Augusto e este descreve-o como "um grande companheiro de vida e de ideias". Do meu lado, tornei-me cada vez mais amiga e admiradora da Margarida, a proverbial "grande mulher"...

No meio de tanta conversa em comum havia, uma coisa de que falava só com o Augusto: eram os livros de D. Redonda.

O Augusto era um devotado leitor e eu uma leitora de toda a vida. O Paulo nunca tinha lido e não me lembro de a Margarida demonstrar especial interesse.

O Augusto achava que Dona Redonda era melhor do que a famosa Alice, a do País das Maravilhas, e queria ver os livros filmados, divulgados e internacionalmente conhecidos. Eu concordava. Sabíamos bocados de cor, recontávamos passagens que nos entusiasmavam, lembrávamos personagens e situações.

As reconstruções históricas (com muito "nonsense" refrescante), de um profundo patriotismo, talvez com gosto *à la* Estado Novo, como a tomada de Lisboa aos Mouros e a chegada de Gil Eanes a Lagos, eram citadas com admiração.

Lembro-me de, há tantos anos, na antiga casa do Diogo e da Mizé, na Quinta da Marinha, com o cheiro da caruma e o sol de Verão coado pelos pinheiros, comentarmos que aquele era o Pinhal de Dona Redonda e da sua gente. Quando uma tarde o céu se cobriu e se ouviu a sereia do farol, dissemos logo que sabíamos que aquele barulho era sim o mugir do "Mostrengo", dragão, importante no livro, que estava a chegar!

Os que são familiares com a história sabem que Dona Redonda, fugindo, entontecida, da "Cidade dos Monstros" (pesada, feíssima e horrivelmente industrializada), cai por uma ribanceira e se faz em fanicos.

Para que os "fanicos" se possam reunir e formar, outra vez, D. Redonda inteira a sua gente de que tem de vencer difíceis obstáculos para obter o filtro que alcançará o milagre.

Os quatro inimigos a vencer eram, neste caso:

O Senhor Medo,
A Rainha Presunção,
O Duque do Luxo, e
O Rei dos Avarentos.

Dispensávamos logo o Rei dos Avarentos, o Duque do Luxo não dava grande luta, mas o Senhor Medo e a Rainha Presunção provocavam quantidade de opiniões, algumas sérias, mansos desacordos, alguma malícia dirigida aos outros e aos próprios, e muito riso.

Quem dera agora ter aqui à mão o Tempo, feito homem/cavalo, do primeiro livro que, num instante, com o chão a fugir-lhe debaixo das patas de trás para a frente, me levaria a ver-nos, amigos todos e de sempre, outra vez juntos!

Mas consola-me a ideia da frase, tão verdadeira, da carta do Augusto: esses dias de amizade, conversa e, até, D. Redonda, estarão comigo, mesmo, até ao fim da vida.

Ao Augusto

por Maria Roma

"We do not remember days,
We remember moments".
Cesare Pavese

Tenho bem presente na minha memória de miúda a minha avó Maria José concentrada a pentear-se e a vestir-se toda "chic" para ir lanchar à Rua Cecílio de Sousa, na altura casa da Condessa de Valença, avó do Augusto. Onde todas as amigas das redondezas se juntavam, pelo menos, uma vez por semana, para tomar chá e jogar canasta. Portanto, um constante vai e vem entre a Rua Eduardo Coelho, onde morávamos, e a Rua Cecílio de Sousa.

Assim, um dia veio um convite da prima Maria da Graça, mãe do Augusto, para a minha irmã Maria do Carmo ir a uma festa à Rua do Alecrim, aos quinze anos do filho dela, o Augusto. Foi uma excitação! A minha irmã elegantíssima, com um vestido de tafetá aos quadradinhos, faixa cor de rosa e bailarinas forradas a condizer, com um saiote enorme de goma dura, que fazia um "crac-crac" dos diabos e a nós a maior das invejas, que a espreitávamos da janela a entrar para o carro do pai, qual "Cinderella" deslumbrada.

Porém, no dia seguinte e para grande surpresa de todos nós, a minha irmã contou que o menino dos anos passara toda a festa muito triste, sem dançar nem falar com ninguém, no meio de uma alegre e divertida confusão. Concluímos todos que o Augusto era um menino muito tímido.

Os anos rolaram.

Só mais tarde, já na Faculdade, através do Diogo conheci o Augusto, porque os dois eram alunos de Direito que, às vezes, vinham até Letras catrapiscar as miúdas, o que estas, aliás, apreciavam bastante.

Começámos todos a andar em grupo, sobretudo depois do casamento do Augusto e da Margarida em S. Miguel, nos Açores, para o qual não fui convidada para grande alívio do meu pai, que achava que não era próprio, pois eu ainda não era noiva do Diogo.

Nos anos seguintes aprendi a conhecer melhor o Augusto. Eram os inúmeros jantares e reuniões que promovia na sua casa da Rua João de Deus com muitos e queridos amigos, como também lanches e almoçaradas na nossa primeira casa na Quinta da Marinha. A ideia da sua timidez dissipou-se rápido, pois ele era uma pessoa tão interessante, tão culta e tão empenhada que todas as suas histórias eram sempre polvilhadas de uma enorme ironia com um tudo nada de malandrice, muito dele, que acentuava com um sorriso matreiro e algum comentário mais jocoso que a todos deliciava.

O Augusto era muito açoriano e talvez por isso bastante reservado, mas tinha o dom invulgar de saber ouvir os outros. Não por mera cortesia, mas com uma atenção cuidadosa e rara. Associado a isto, uma memória fabulosa e uma experiência invulgar de vida, que fizera cedo dele um adulto realista e um grande conhecedor da fragilidade humana. Mas nunca fazia alarde disso. Era silencioso e discreto em grupos barulhentos, mas brilhando sempre em círculos mais íntimos, onde dava largas à sua "verve" excepcional que nos encantava a todos. Aprendíamos sempre com ele algo de novo. Tinha uma forma muito original de equacionar questões que nos faziam pensar e ir, sempre, mais além. Era um dom raro. Que enriquecia mais quem privava com ele de perto. Para não falar do seu amor às coisas: casas, quadros, livros, móveis, onde a beleza tinha sempre que reinar.

Foram anos muito felizes. Desde os filhos, os projectos, os programas, que iam do gosto imenso de um simples filme, que discutíamos acalorados, até uma boa mariscada ou ceata no "Gambrinus".

A vida deu muitas voltas e reviravoltas. É um facto. Cada um com o seu lote. Porém, todos à sua maneira seguiram o seu trilho. Mas o mais importante é que o passado comum, bem vivido, foi o cimento de uma amizade que em nada se alterou. Pelo contrário, alguns revezes fortaleceram os seus laços indestrutíveis.

Lembrarei sempre o nosso Augusto em Julho de 2013, na FNAC do Chiado, a falar sobre o seu precioso Jardim José do Canto. O brilho dos seus olhos e o interesse do seu verbo mantinham-nos a todos suspensos.

Tenho muitas, muitas saudades desse momento, Augusto, e de ti.

Uma Lembrança

por Martim de Albuquerque

Foi em 1958. A Faculdade de Direito de Lisboa tinha passado das instalações do Campo dos Mártires da Pátria para o novo edifício da Cidade Universitária. Inauguraram-se aí as aulas com um curso do primeiro ano de que fazíamos part, o Augusto e eu. Encontrámo-nos pela primeira vez, ocasionalmente, num desses pequenos grupos que se formavam naturalmente nos intervalos. Discutia-se com vivacidade, um tema que, com franqueza, já nem recordo qual fosse. Lembro-me, isso sim, que o Augusto interveio pondo alguma ordem no caos dialéctico mediante uma série imbricada de raciocínios subtis, encadeada com habilidade e grande dose de humor, a modo de excipiente. Dei-me conta, a dado momento, de que por baixo da capa humorística ficavam subterrados os principais argumentos. Disse-lho. Ressaltei as falácias e o erróneo de certos silogismos. Não contava. Abriu os olhos. Encolheu os ombros (a questão em debate não lhe interessava tanto em si mesma como o prazer da discussão). Limitou-se, por isso, a responder com jovialidade: «Sim senhor. És esperto!». Ao que lhe devolvi: «E tu engraçado!». Começou aí uma Amizade de décadas.

Passámos, com frequência, a estudar juntos, entremeando as matérias jurídicas com digressões sobre tudo e sobre nada – da literatura à arte, à história, à política, às pessoas, aos eventos ... Reuníamos em sua casa. Vivia, ele então, no Palácio Quintela (no largo do mesmo nome), cuja quietude, muitas vezes, quebrámos no aceso dos debates e com estrondosas, incontidas gargalhadas juvenis. O Augusto, como muitos da nossa geração, era, não apenas um queirosiano apaixonado, como indefectível proustiano. Dissecámos o Eça e *À la recherche du temps perdu*. Escolhíamos passagens, líamos e comentávamos até à exaustão. Ele fazia justamente gala em saber de cor e recitar frases, páginas inteiras do Eça.

Entretanto, o grupo, em que tiveram lugar desde o início o Diogo Freitas do Amaral e o Duarte de Castro, ia-se alargando. Nele passaram a circular várias alunas do curso. Algumas com assiduidade.

Só nos corredores alunas e alunos então se cruzavam. Por esses tempos, nas aulas, as raparigas ocupavam as primeiras filas do anfiteatro, dispondo-se, a seguir, os rapazes por ordem alfabética. Não resisto a duas notas. O Professor Inocêncio Galvão Telles explicava com leveza irónica uma tal separação a partir do seu curso do primeiro ano, em que todos se sentavam indiscriminadamente, tendo ele tomado assento ao lado de uma jovem que, assim, conheceu e viria a ser a sua futura mulher. Houve que tomar providências, esclarecia rindo! Pelos vistos, o casamento era algo perigoso, acrescentava, ainda, com malícia. A outra nota vai para a única excepção que se verificou no nosso primeiro ano quanto ao *apartheid* entre homens e mulheres. Passou-se com uma colega, a Nadir Pacheco Palha. Na Secretaria da Faculdade ou então na Reitoria (não sei) julgaram que Nadir era nome masculino e ela foi colocada nas últimas filas do anfiteatro ao meu lado, de acordo com a ordenação sequencial por nomes e em clara infracção ao uso normativo. O Augusto, que tinha um dos lugares iniciais do areópago masculino, à frente, mas perto do Diogo, não deixou passar o facto em branco e metia-se comigo e com a pobre Nadir. A mim dizia: «Topei-te logo de início». E a ela: «Tiveste sorte, ele é um sábio. Vê-se pelo modo como conseguiu isso. Temos muito a aprender com o teu par». O que nos chagou ...

Da Amizade e alegria vivencial dessa mocidade deixou o Augusto um registo nos versos com que contribuiu a meu respeito para o livro de curso de 1959-1964:

«Nas nossas conversas grandes
Nos corredores da Faculdade
Quase ficámos exangues
De tanto rir com vontade».

Por motivo de doença, no segundo ano não fiz todas as cadeiras, pelo que deixámos de ser companheiros de curso. Mas o convívio diário manteve-se. Não havia praticamente intervalo em que deixássemos de nos encontrar. O círculo, aliás, aumentou ainda mais com alguns dos condiscípulos do meu novo curso. Com relevo para o António Luciano de Sousa Franco e o Alberto Xavier. Uma verdadeira rede de Amigos.

Inteligência, acutilância, argúcia, ironia, subtileza, espírito crítico, noção caricatural, expressividade fisionómica, capacidade de gesto, cultura invulgar – foram notas do Augusto que nunca esqueci desde esses já recuados tempos de Faculdade.

A vida, apesar das trajectórias diversas que, a partir daí, se desenharam para um e outro, não quebrou a união. O Augusto, pela mão de Marcello Caetano, entrou para assistente de Económicas e veio, depois, a ser Secretário de Estado da Juventude e Desportos e Secretário de Estado da Instrução e Cultura. Eu seguiria a advocacia e seria escolhido para assistente de Adriano Moreira no Instituto Superior de Ciências Sociais e Política Ultramarina. O que desagradou em cheio a Caetano.

O Augusto e eu passámos não muito depois períodos difíceis, que ainda mais nos uniram.

Face às dificuldades e bloqueios de ordem administrativa que a falange marcelista, pela mão de Silva Cunha, então Ministro do Ultramar – uma das entidades de que o Instituto da Junqueira dependia – colocou à realização das minhas provas de doutoramento, Veiga Simão, Ministro da Educação, a outra entidade da tutela, informado pelo Augusto, tomou com ele, sem vacilações, armas em contrário. Por mim.

Entretanto, sobreveio o 25 de Abril. As cartas inverteram-se. Agora, na mira da sorte estava o Augusto. Advertido por Costa Gomes, afim de membros da sua família, e pelo só crime de ter sido Secretário de Estado, o Augusto viu-se na dura opção de ter de se exilar.

Nessa altura, passou-me procuração com plenos poderes para administrar todos os seus bens em Portugal. Nas horas de angústia que antecederam a partida entregou-ma, deixando cair um pingo de bom-humor em resposta à minha interrogação sobre o que fazer com tais poderes: «Olha – dada a situação do País, faz o menos de asneiras possível». E com esta nota de ironia e de realismo pessimista sobre o que estava sucedendo e se desenrolava nesses dias, despedimo-nos por então.

Durante o seu exílio político, que aproveitou para frequentar o INSEAD, para uma livre docência em terras de Vera Cruz e, também, no lançar pontes que lhe asseguraram ponto de partida para bem sucedida carreira empresarial no regresso à Pátria, a nossa convivência não esmoreceu. Por intermédio de mensageiros, por cartas e até por vários encontros – em França, em Inglaterra, no Brasil. De um desses encontros, guardo na memória história hilariante. Depois do celebérrimo episódio do Campo Pequeno, o Alberto Xavier e eu decidimos fazer uma viagem a França a pretexto da rodagem de um carro – um Mazda, viatura então pouco vista em Portugal – que eu comprara. Na verdade, e sobretudo para o Alberto, estabelecer contactos com o Ministro gaulês que superentendia as pequenas e médias empresas, em vista a um projecto que concebera e no qual punha grande esperança. A viagem foi épica. Cómica. Hilariante. De Lisboa a Paris, pelas estradas de então, com os mais insólitos episódios. Na capital francesa, decidimos que tinhamos de ir a Fontainebleau visitar o Augusto e a Família. Assim o fizemos. Não sei já porquê, partimos tarde. Perdemo-nos no caminho. Chegámos à cidade, alta noite. Aí, descobrimos que não haviamos trazido a morada do Augusto. O Alberto esquecera-se dela no hotel em Paris, como eu, furioso, lhe assacava. Ele devolvia-me a responsabilidade do lapso. Bonito. Nem viva alma. Àquela hora, Fontainebleau era terra de ninguém. Nenhuma alma viva.

Ocorreu uma metodologia simples. Irmos pelas ruas da cidade com as janelas do carro abertas e gritando a altos pulmões e em conjunto: «ó Augusto, ó Ataíde; ó Ataíde, ó Augusto!». Verdadeira cena de filme. Ninguém tugia. Ninguém mugia. Via-se, aqui e ali, uma luz a acender-se e uma cortina de janela que deslizava. Talvez alguém a espreitar. Mas sem qualquer corporificação. Finalmente (*hossana*!), lá se abriu uma porta. Era a casa do Augusto. Nela estavam, também, a Leonor e o José de Sousa Mendes. Guardo, tão-só, a lembrança de um momento da maior efusão, seguido de longa cavaqueira, noite fora até de madrugada. Nem sei como foi o regresso a Paris. Ébrios de sono e de felicidade.

A convivência com o Augusto restabeleceu-se plenamente com o seu regresso a Lisboa.

O interregno político e a saída de Portugal, porém, frustraram-lhe uma carreira académica que sempre sonhara e em que, pelas suas enormes qualidades, podia ter logrado o topo. Dele ficaram, a mostrá-lo, páginas e estudos jurídicos de valor. No que nos respeitava, continuávamos colaborações, ajudas mútuas e cumplicidades. Tantas, de lado a lado!

Em determinada altura, a vida distanciou-nos. Não obstante, a raiz da Amizade permaneceu. E tive a feliz oportunidade de visitar o Augusto e de o acompanhar, mais de uma vez, na última e dolorosa fase da vida e de com ele passar horas encantadoras. O contentamento que manifestou foi extraordinário. Embora já muito enfraquecido pela doença, com mal estar físico, recordava emotiva e repetidamente os nossos bons velhos tempos: «Lembras-te quando tu ...?»; «Fomos nós que ...»; «O que nos divertimos!»; «Quando voltas a visitar-me ...?». Despedia-me apenas quando o via cansado, desvanecido de forças.

Durante esses encontros, o Augusto exibiu o seu natural humor, raro espiríto de observação, cultura e conhecimento artístico. Falou de seu Avô, Luis Bernardo Leite de Ataíde, pintor de talento (discípulo, primeiro, de May e, depois, de Carlos Reis), de que me oferecera um quadro. Lembrava ele, aliás, gratamente, que havia ajudado na publicação da obra desse antepassado *Etnografia, Arte e Vida dos Açores*, cuja impressão do último volume acompanhei e não deixei cair, vindo a aparecer em 1976, quando o Augusto já se encontrava fora de Portugal. As considerações que fez sobre a obra pictórica e erudita do Avô nunca mais me deixarão, por evidenciarem, mesmo nesse extremo da existência, um espírito da maior lucidez e de requintada sensibilidade estética.

É esta, em breves traços, a memória que me ficou do Augusto de Athayde e quero conservar. Os que já partiram vivem em nós pela recordação, pela vida partilhada, por cruzamentos. Pela Saudade. E o Augusto continua presente.

Sobre uma bela Amizade...

por MIGUEL PUPO CORREIA

É-me, simultaneamente, fácil e difícil escrever estas poucas linhas que procurarão lembrar a minha convivência com o Augusto de Athayde: foram muitos anos, recheados de coisas boas, que sempre nos aproximaram, mesmo quando nos tivemos de afastar; e a dor da sua partida prematura, quando ainda havia tanto para conversarmos...

Nado e formado eu em Coimbra, só vim a conhecer o Augusto e outros grandes amigos quando vim para Lisboa. Aproximou-nos, nomeadamente, o serviço militar, que ambos cumprimos na Reserva Naval. Recordo que conheci o Augusto em finais de 1967, quando os cadetes do meu curso, após o termo do primeiro ciclo de instrução na Escola Naval, iniciaram um segundo ciclo composto por diversos estágios, um dos quais foi uma passagem pelo Serviço de Justiça, onde ele estava colocado.

Facilitou-nos o conhecimento e a imediata empatia o facto de um dos companheiros de curso ser o Diogo Freitas de Amaral, condiscípulo e grande amigo do Augusto; e de o outro jurista da Reserva Naval, já então colocado naquele serviço, ser o Manuel Porto, meu colega de Faculdade e do C.A.D.C.[1]

[1] Centro Académico de Democracia Cristã, organismo associativo da Acção Católica de Coimbra.

Foi-me fácil, pois, estabelecer com o Augusto aquela boa e grande amizade que perduraria pela vida fora. Facilitada pela sua enorme simpatia, associada a uma enorme simplicidade de trato, apesar de logo me ter apercebido das suas superlativas qualidades de inteligência e cultura. Descobri em pouco tempo que nos identificávamos em muitos e fundamentais aspectos das nossas convicções e essa proximidade tornou sempre os nossos diálogos fonte de descoberta e aprofundamento que me foram muito valiosos.

Também recordo como dele colhi ensinamentos importantes acerca das matérias de Direito Administrativo da Economia, que ele lecionava no ISCEF e de que guardo o exemplar que me ofereceu da primeira versão, ainda policopiada[2], que me foi de enorme utilidade, até por se tratar de uma obra pioneira na nossa literatura jurídica.

Concluída a fase da instrução do meu Curso da Reserva Naval, fui colocado no Serviço de Justiça, tendo ido precisamente substituir o Augusto, que então passou à disponibilidade, regressando à vida civil. Lembro-me de como ele era recordado por parte de todos os que tinham convivido com ele durante a sua passagem pela Armada, deixando um rasto de prestígio e saudade.

Por pouco tempo se afastaram os nossos caminhos, já que, em finais de 1971, fui chamado pelo Augusto, que era então o mais jovem membro do Governo presidido pelo Prof. Doutor Marcello Caetano, como Secretário de Estado da Juventude e Desportos. Traçou-me o quadro de uma inovadora política de juventude, que iria materializar-se na criação do "Secretariado para a Juventude" (SpJ), do qual queria que eu fosse um dos subdirectores, sendo o outro o Duarte Ivo Cruz. Algum tempo depois, a Direcção viria a ser completada com a nomeação para director do José Pedro Castello Branco.

Foi uma arrancada entusiástica, quer por banda do jovem Secretário de Estado e da equipa directiva do SpJ, quer do núcleo de colaboradores técnicos e administrativos que nos coube reunir e pôr a funcionar, quer de numerosos grupos de jovens que vieram a participar em actividades promovidas pelos Centros de Juventude que se

[2] Publicada em 1968/69, pela Associação de Estudantes do ISCEF. Viria a ser publicada em 1970 nos *Cadernos de Ciência e Técnica Fiscal*.

foram criando, sobre os alicerces do voluntariado e do pluralismo, sempre enfatizados pelo Augusto nos discursos e mensagens que proferiu nesse tempo[3], do qual guardo memórias fantásticas: superávamos a escassez de meios com muito esforço, bom humor e espírito de equipa; estavam constantemente a acontecer coisas novas, originais e quase sempre positivas; sentíamos que estávamos a construir um futuro mais dinâmico e promissor para os nossos jovens!

Entretanto, cerca de um ano depois, o Augusto transitou para outro cargo do Ministério da Educação Nacional, como Secretário de Estado da Instrução e Cultura. E, numa nova manifestação de confiança e amizade a que me habituara, convidou-me a acompanhá-lo para assessoria nas suas novas funções, juntamente com o Duarte Ivo Cruz. A febril actividade de implementação da reforma educativa – aqui e além turbada por incidentes em alguns estabelecimentos de ensino superior –, tornaram também esse tempo muito desafiante, ainda que tenha acabado por ser breve. É que, poucos meses decorridos, o Duarte Ivo Cruz, primeiro, e eu, depois, fomos chamados a responsabilidades no Governo: fazíamos parte da nova geração que o Prof. Doutor Marcello Caetano chamou a participar na dinamização do País perante os desafios do desenvolvimento e da evolução política, que se pretendia conduzir para novos caminhos de pacífica e consensual democratização.

Como é sabido, não foi isso que aconteceu e, a breve trecho, fomos levados a procurar novos rumos, que por algum tempo nos levaram para outras latitudes. Foi assim que, passados apenas cerca de dois anos, viemos a encontrar-nos no Brasil, onde eu reiniciei vida como advogado em S. Paulo, onde se me foi juntar o Duarte Ivo Cruz, com quem partilhei de perto esses anos de "quase-exílio". E, pela mesma altura, o Augusto foi viver para o Rio de Janeiro, onde iniciou uma prestigiada actividade de gestor bancário, primeiro no Banco Lar Brasileiro, depois no grupo do Banco Inter-Atlântico. E assim retomámos o nosso convívio: relembro a carinhosa hospitalidade com que ele e a Margarida – cujos filhos são de idade próxima dos meus – nos convidaram e receberam na sua casa do Rio, numas férias que

[3] Reunidos em "*3 anos para o futuro*", editorial do Secretariado para a Juventude, 1973.

ainda hoje recordamos com imensa saudade. E quase sempre nos encontrávamos quando nos deslocávamos, ele a S. Paulo, ou eu ao Rio.

Lá pelo segundo semestre de 1980, de novo fui alvo da confiança amiga do Augusto, que me convidou para prestar colaboração ao Banco Inter-Atlântico como advogado da agência deste em S. Paulo. Aceitei com enorme prazer prestar essa colaboração em tempo parcial, e dela colhi preciosa experiência na actividade bancária, que me viria a ser muito útil pela vida fora.

Foi curta, no entanto, esta colaboração, pois regressei a Portugal em 1981 e, pouco depois, o mesmo passo seria dado pelo Augusto, pelo que pudemos reencontrar-nos em Lisboa. Aqui viemos a estar próximos como docentes da Universidade Lusíada, onde o Augusto deixou rasto valioso no ensino do Direito Económico e do Direito Bancário. Quantas vezes tive ocasião de o citar e de indicar textos seus aos meus alunos de Direito Comercial...

E, sobretudo, com quanta emoção relembro as tantas e tantas ocasiões em que, partilhando saborosas conversas, nas reuniões que ele e a Margarida foram ao longo dos anos promovendo na sua casa de Lisboa, tanto na época natalícia – como que a associar os amigos à preparação para a alegria da vinda de Cristo – como nos aniversários do Augusto.

Assim se foi tecendo, ao longo dos anos, uma boa e sólida Amizade, daquelas que têm sido para mim um estímulo a gostar desta vida e a esperar que ela seja continuada naquela outra que há-de vir e que para o Augusto já começou.

Até lá, Amigo caríssimo!

Depoimento

por Nuno Lumbrales

Conheci o Augusto apenas depois do meu ingresso na Faculdade de Direito, digo apenas porque se o tivesse conhecido antes teria beneficiado mais tempo da convivência com uma personalidade tão brilhante.

Seria difícil fazer uma menção exaustiva de todas as suas virtudes e méritos, pelo que depois destas notas fica muita coisa por dizer.

Dessas virtudes e méritos, o seu curriculum académico e profissional falam por si e são do conhecimento de muitas pessoas, mesmo das que não tiveram o privilégio de o conhecer pessoalmente, mas estas não beneficiaram seguramente do convívio com o Augusto, que lhes permitiria testemunhar as suas imensas qualidades como Homem e como pessoa.

Destas permito-me referir algumas, que não sendo as únicas são as que estão melhor guardadas na minha memória.

O Augusto teve duas enormes paixões que viveu com particular intensidade – a família e os Açores.

Marido e pai extremoso e exemplar, que os que o conheceram poderão testemunhar.

Quem com ele privou ouviu-o dizer mais do que uma vez que o seu sonho era o de ir viver para os Açores e ali escrever as suas memórias. Estou certo de que, pelo menos em parte, conseguiu esse desígnio, ainda que o pensamento e a reflexão se tenham, porventura, sobreposto à escrita que terá levado a cabo, principalmente, em Lisboa. O seu amor pela terra natal era imenso e fonte de orgulho que gostava de transmitir aos amigos, e enriqueciam de sobremaneira o diálogo.

As suas palavras continham frequentemente uma finíssima ironia, o que enriquecia sobremaneira a profundidade e o rigor do seu discurso, ora desdramatizando, ora exagerando o que a tal se prestava, o que o tornava mais leve e mais agradável. Quem conversava com o Augusto não sentia o tempo passar, e quando finalmente a conversa tinha que acabar, havia a sensação de que muito tinha ficado por dizer.

Esse delicioso espírito irónico não se limitava às conversas com amigos – que o digam os que tiveram o privilégio de terem sido seus alunos, que muito dele beneficiaram.

Eu que já conhecia parte dos Açores, concretamente S. Miguel e Santa Maria, fui visitar a Terceira, tantos foram os elogios que lhe ouvi sobre essa lindíssima ilha. De facto, poucas terras tão bonitas visitei na minha vida comparadas com esta ilha maravilhosa.

Outra das virtudes que o Augusto possuía era a da modéstia, muitas vezes associada ao seu sentido de humor, assim como a sua enorme sensibilidade, sempre oportunas e valorizadoras do seu discurso.

Era de uma modéstia espontânea que, não pretendendo dar lições a quem quer que fosse, estava inteiramente de acordo com a sua personalidade, que se aliava a outra virtude que muito a enriquecia – refiro-me à sensibilidade, o que o tornava uma pessoa ainda mais cativante, tal como a sua enorme generosidade.

Perante alguém que lhe manifestasse uma situação de dificuldade, o Augusto dedicava-lhe uma atenção total, o que por si só dava ao visado uma tranquilidade acrescida, e dedicava ao assunto o tempo que fosse necessário para tentar ajudá-lo, o que, além do mais, proporcionava ao interlocutor uma enorme tranquilidade de espírito.

Nestes momentos, o Augusto nunca tinha outras coisas a tratar, não invocava urgência de quaisquer outros assuntos. O seu empenho na ajuda e procura de uma solução eram totais. Sei do que falo, pois mais do que uma vez beneficiei da sua generosidade neste domínio.

Outro factor da sua maneira de ser traduzia-se na informalidade com que recebia os amigos no dia dos seus anos. Os convites eram sempre acompanhados de uma recomendação – traje informal e sem gravata – e à informalidade do traje, e não menos importante, era a informalidade que ele impunha ao ambiente durante toda a noite.

De tudo e de todos se falava, sem rodeios nem cerimónias.

Para este particular muito contribuía a enorme, diria mesmo total franqueza com que o Augusto abordava todos os problemas ou matérias de que se falava nessas comemorações, o que contribuía sobremaneira para tornar o convívio ainda mais agradável.

De facto, outra virtude do Augusto era a enorme franqueza com que tratava qualquer assunto, fosse qual a sua natureza ou importância, característica que, aliás não manifestava apenas nestes encontros, sendo antes uma constante em qualquer circunstância.

Por tudo isto, e muito mais haveria para dizer, o nosso Amigo deixa saudades imensas, sendo um privilégio de todos os seus amigos recordarem esses momentos, alguns de facto inesquecíveis.

Ser amigo do Augusto foi um privilégio, e muito mais do que isso, por tudo o que pudemos tirar de uma vida curta, mas cheia de exemplos. Tenho a certeza de que o recordarei até ao fim da minha vida.

Era um grande senhor

por Pedro Soares Martínez

Chamava-se Augusto de Athayde Soares de Albergaria e era de estirpe açoriana, por via paterna como por via materna, achando-se sempre estreitamente ligado, pelos sentimentos, ao arquipélago de origem familiar, à sua casa de Ponta Delgada e ao seu justamente celebrado jardim botânico, a cuja preciosa conservação dedicou os maiores esforços, alguns sacrifícios e dedicadíssimo carinho.

O natural talento, conjugado com a aplicação, sempre manifestada em todas as tarefas que aceitava desempenhar, lhe assegurou os sucessos do seu curso de Direito, na respectiva licenciatura como no curso complementar, o 6º ano de então, nos quais alcançou sempre lugar distinto e cimeiro entre todos os colegas. Em consequência, prontamente e com amplitude, se lhe abriram as portas do ensino universitário, no qual serviu, ao melhor nível, em diversas escolas, entre elas a sua de origem, a Faculdade de Direito de Lisboa, à qual sempre ficou ligado por grande carinho e excepcional compreensão dos seus problemas e das respectivas estruturas institucionais. Mas as suas mesmas salientes qualidades afastaram Augusto de Athayde da docência, por ter sido chamado ao desempenho das funções governamentais de Secretário de Estado da Juventude e Desportos, cujo cargo serviu, com o maior brilho, durante alguns anos, tendo a comunidade portuguesa ficado a dever-lhe, por decisões, na esfera da sua competência, como por sugestões e advertências, serviços do maior relevo.

Seguiu-se o tempo de exílio, durante o qual, em instituições de grande prestígio e projecção, em França como no Brasil, as excepcionais qualidades de Augusto de Athayde se reafirmaram, assegurando-lhe a continuidade em carreiras do maior brilho. Mas o portuguesismo, nele bem enraizado, sobrepôs-se a todas as perspectivas e, no regresso à sua Lisboa e, claro está, aos seus Açores, aquelas mesmas qualidades, de inteligência, de cultura, de aprumo, de graça e de descrição, o chamaram ao desempenho de cargos cimeiros e de presidência de grandes instituições de crédito. Contudo, manteve-se sempre, bem vivo, em Augusto de Athayde, o gosto do apurado universitário e do distinto jurisconsulto, bem reconhecido como autorizado especialista de Direito Administrativo e de Direito Bancário, disciplina esta que cultivou largamente, em profundidade, e regeu, em escolas superiores, ao melhor nível. Esses méritos lhe asseguraram também o ingresso na Academia das Ciências de Lisboa, da qual foi sócio correspondente e sócio efectivo, tendo aí apresentado notáveis comunicações sobre temas de Direito Bancário. Por onde passava, Augusto de Athayde sempre procurava bem cumprir, bem servir, ao alto nível da sua elevada capacidade. Os seus biógrafos saberão alinhar, com vasta cópia de elementos e datas, as extensas resenhas das suas obras, das suas comendas e das muitas e notáveis associações, de diversa ordem, às quais pertenceu e honrou com a sua presença. A mim apenas caberá, em dolorosa saudade, pela privação de um grande Amigo, relembrar, a quantos o conheceram, que esse Homem, de rara sensibilidade, de grande saber, designadamente nos planos literário, económico e jurídico, de impecável trato, pletórico de espírito, de graça, de ironia, de bom humor, sem quebra de elegância e de benevolência, aliava a perfeita verticalidade das atitudes à aparente fragilidade das concordâncias. Era, realmente, um grande senhor, na natural simplicidade, na sobriedade, na defesa dos ideais de servir, no propósito de realizar, de bem fazer, na lembrança dos outros, nas solenidades de gala como na livre expansão dos folguedos com amigos e companheiros a quem couberam as gratas oportunidades de com ele conviverem, agora recordadas em travo de alguma amargura e muita saudade.

Depoimento

por Rui Chancerelle Machete

Conheci o Augusto de Athayde na Faculdade de Direito de Lisboa, onde se destacava como aluno brilhante, alternando o primeiro lugar do seu curso com o Diogo Freitas do Amaral, comum amigo de ambos. Pertencendo a um ano imediatamente posterior ao meu, as nossas relações, embora cordiais, eram então um pouco distantes.

Admirei, depois, a postura corajosa como geriu a difícil situação familiar que se seguiu ao falecimento do seu Pai, enquanto, ao mesmo tempo, elaborou a tese conclusiva do seu Mestrado, na altura designado por ano complementar de Licenciatura.

Foi, porém, apenas quando convivemos no mesmo gabinete ao longo de um ano, enquanto prestávamos serviço militar na Reserva Naval, que tive a oportunidade de descobrir a grandeza do seu carácter e de apreciar a lucidez da sua inteligência. Foi nessa altura que despontou uma amizade indefectível que durou toda a nossa vida, até que a morte a interrompeu.

O Augusto encantava pela agudez e profundidade da análise, e pela sua fina ironia. Era simultaneamente um homem tolerante, mas firme nos princípios e na tomada dos rumos a que estes obrigavam. Com ele a conversa tornava-se um gosto requintado.

Pela natureza das coisas, o círculo dos nossos grandes amigos vai-se restringindo e vamos tomando cada vez mais consciência de que o tempo que falta é escasso. O Augusto foi uma das grandes perdas que sofri nestes últimos anos. Lembro sempre com emoção e saudade o largo discretear sobre pessoas e factos, descobrindo nesses convívios facetas novas e pistas intelectualmente promissoras.

Fazem-me também falta as tradicionais reuniões natalícias, misto de tertúlias e de receções sociais. Constituíam oportunidades de estarmos juntos, lembrar um pouco do passado e, sobretudo, de filosofar sobre o futuro político do país que cada um antevia.

Tudo isso passou. Ficou a memória da sólida amizade que nos unia e a saudade do cavaquear tão frutuoso, enfim a recordação do Augusto como pessoa. Essas permanecem enquanto eu viver.

Depoimento

por Vasco Alves Cordeiro

De entre as várias razões que considero relevantes para justificar a homenagem a Augusto de Athayde, destacaria, fundamentalmente, duas: uma ligada ao seu percurso académico e profissional; outra relativa à sua acção como defensor de uma das mais emblemáticas jóias do património natural da ilha de S. Miguel, o Jardim José do Canto.

Em ambos os casos, essas são razões mais do que suficientes para que, como Açoriano e como Presidente do Governo, me associe à homenagem que agora lhe é prestada, partilhando, também, as minhas impressões do rico, embora curto, contacto que tive com esse Açoriano ilustre.

À semelhança de muitos Açorianos, Augusto de Athayde fez a sua formação académica em Lisboa, enveredando por uma carreira cujos ecos chegam, não só do nosso País, mas também do Brasil, onde, posteriormente à sua incursão na política, nos governos de Marcello Caetano, primeiro como Secretário de Estado da Juventude e Desportos, depois, como Secretário de Estado da Instrução e Cultura, se doutorou em Direito Administrativo na Universidade Católica do Rio de Janeiro.

Na riqueza do seu labor intelectual e académico, radicam também as razões para o seu ingresso na Academia das Ciências de Lisboa, da qual foi sócio correspondente e sócio efetivo.

Mesmo com uma notável carreira profissional ligada à banca, Augusto de Athayde não esqueceu os Açores, encontrando aí o instrumento por excelência para ajudar ao desenvolvimento do Arquipélago, nomeadamente com a criação do então Banco Espírito Santo dos Açores, instituição da qual foi um dos principais impulsionadores assumindo, à altura da sua fundação, o cargo de presidente do respectivo conselho de administração.

Essas são notas, demasiado ligeiras para a riqueza do percurso do nosso homenageado, é certo, que tornam Augusto de Athayde um Açoriano ilustre e credor do nosso reconhecimento. Exactamente por isso, a Região Autónoma dos Açores, por deliberação unânime da sua Assembleia Legislativa, decidiu agraciá-lo, em 2014, com a Insígnia Autonómica de Mérito.

A todas estas razões, acresce ainda a do seu amor ao Jardim José do Canto e o seu compromisso com a defesa e valorização desse *ex libris* de Ponta Delgada, que tanto orgulha a ilha de S. Miguel e os Açores, liderando a sua família também nessa empreitada de honrar a memória dos seus antepassados e de contribuir para o enriquecimento do património natural das nossas ilhas.

Foi, aliás, por causa do Jardim que conheci Augusto de Athayde.

A sua persistência e determinação na defesa desse património, mas também a lucidez que lhe permitia discernir a importância do Jardim para os Açores, levaram-no, conjuntamente com a sua Mulher e filhos, a instituir a Fundação do Jardim José do Canto.

Em suma, nas qualidades que evidenciou nas mais variadas vertentes da sua actividade, bem como na sua acção decisiva de promoção e defesa do Jardim José do Canto, Augusto de Athayde foi um Açoriano de que os Açores se orgulham e honram.

BREVE CURRÍCULO DOS PARTICIPANTES NESTE LIVRO

- *Adriano Jordão*: Pianista.

- *Afonso d'Oliveira Martins*: Professor Catedrático e Reitor da Universidade Lusíada.

- *Alberto Xavier*: Professor de Direito, Advogado, Jurisconsulto e antigo membro do Governo.

- *Américo Natalino Pereira de Viveiros*: antigo membro do Governo Regional dos Açores

- *António Vaz Pinto*, S.J.: Diretor da Revista Brotéria.

- *Augusto Ferreira do Amaral*: Advogado e antigo ministro.

- *Carlos Bello de Morais*: Advogado.

- *Carlos César*: Presidente do Govemo Regional dos Açores (1996/2012). Presidente do Partido Socialista Português.

- *Carlos Melo Bento*: Advogado.

- *Cereja Ivo Cruz*: Licenciada em História. Técnica Superior da Casa Museu Medeiros de Almeida (1989-2011).

- *Diogo Freitas do Amaral*: Professor universitário. Antigo ministro. Político.

- *Duarte de Castro*: Antigo membro do Governo. Advogado e consultor jurídico.

- *Duarte Ivo Cruz*: Antigo membro do Governo. Docente universitário e consultor em Relações Internacionais. Membro da Academia das Ciências de Lisboa e da Academia Portuguesa de História. Escritor.

- *Eduardo Santos Silva*: Advogado. Docente universitário. Doutor em Ciências Sociais pelo Instituto Superior de Ciências Sociais e Políticas da Universidade de Lisboa.

- *Guilherme d'Oliveira Martins*: Jurista. Antigo ministro. Ex-presidente do Tribunal de Contas. Administrador da Fundação Calouste Gulbenkian e Presidente do Centro Nacional de Cultura.

- *Isabel Soares de Albergaria*: Professora da Universidade dos Açores.

- *Jaime Gama*: Antigo Presidente da Assembleia da República e antigo Ministro.

- *João Forjaz Vieira*: Escritor. Antigo Diretor de Serviço na Fundação Calouste Gulbenkian.

- *João Mattos e Silva*: Antigo político. Poeta. Ex-funcionário superior na banca privada.

- *Jorge Miranda*: Professor Catedrático e antigo Diretor da Faculdade de Direito da Universidade de Lisboa. Constitucionalista, jurisconsulto e deputado à Assembleia Constituinte.

- *Leonor Xavier*: Escritora e poetisa.

- *Luís Beirôco*: Antigo dirigente partidário, deputado à Assembleia da República e ao Parlamento Europeu.

- *Luís Brito Correia*: Advogado. Jurisconsulto. Docente universitário.

- *Manuel Braga da Cruz*: Antigo Reitor da Universidade Católica Portuguesa. Professor universitário. Investigador.

- *Manuel Côrte-Real*: Licenciado em História. Embaixador de Portugal, jubilado.

- *Manuel Noronha de Andrade*: Advogado. Gestor de empresas.

- *Margarida Martins*: Escritora.

- *Maria da Glória Garcia*: Reitora da Universidade Católica Portuguesa. Professora catedrática e ex-Diretora da respetiva Faculdade de Direito.

- *Maria Isabel Lowndes Marques*: Advogada.

- *Maria Roma*: Escritora.

- *Martim de Albuquerque*: Professor Catedrático da Faculdade de Direito da Universidade de Lisboa. Advogado e Jurisconsulto. Membro da Academia Portuguesa da História e da Academia das Ciências de Lisboa. Historiador.

- *Miguel Pupo Correia*: Antigo membro do Governo. Advogado. Docente universitário.

- *Nuno Lumbrales*: Advogado. Antigo Diretor de Empresa.

- *Pedro Soares Martinez*: Professor Catedrático da Faculdade de Direito da Universidade de Lisboa. Antigo ministro. Jurisconsulto. Membro da Academia das Ciências de Lisboa e da Academia Portuguesa da História.

- *Rui Machete*: Antigo ministro. Docente universitário e doutor "Honoris causa" pela Universidade Católica Portuguesa. Jurisconsulto e advogado. Ex-Presidente da Fundação Luso-Americana para o Desenvolvimento (FLAD).

- *Vasco Cordeiro*: Presidente do Governo Regional dos Acores.

ÍNDICE